Profession: prêtre

Trois générations témoignent

André Beauchamp
Jules Beaulac
Jean-Marie Fortier
Denis Gagnon
Benoît Lacroix
Alain Roy
André Tiphane

Profession: prêtre
Trois générations témoignent

NOVALIS

Profession: prêtre. Trois générations témoignent est publié par Novalis.

Maquette de couverture: Mardigrafe

Les oraisons, piste d'homélie et préface (p. 5, 63, 91, 131, 143, 147, 153) sont tirées du livre rituel *L'ordination de l'évêque, des prêtres, des diacres*, Paris, Desclée/ Mame, 1996; © 1996 AELF, Paris, 1977, 1996

Photographies: Laforest Sabourin (p. 6), Monique Pichette (p. 10), Brodeur et Poitras (p. 28), Normandin (p. 48), André Descoteaux o.p. (p. 64), Antonio de Sousa o.p. (p. 76), La Fabrique à photo (p. 92), Jean Dahine (p. 108), E. L. Shapiro (p. 132), Photo Centre Brunet (p. 144), Erhard Neher (p. 148).

Éditique: Christiane Lemire, Francine Petitclerc

© 2000: Novalis, Université Saint-Paul, Ottawa.

Dépôts légaux: 3e trimestre 2000
Bibliothèque nationale du Canada
Bibliothèque nationale du Québec

Novalis, C.P. 990, Ville Mont-Royal (Québec) H3P 3M8

Nous reconnaissons l'aide financière du gouvernement du Canada par l'entremise du Programme d'aide au développement de l'industrie de l'édition (PADIÉ) pour nos activités d'édition.

ISBN: 2-89507-112-8

Imprimé au Canada

Note
La forme masculine est utilisée tout au long de ce document dans le seul but d'alléger le texte.

Données de catalogage avant publication (Canada)

Vedette principale au titre:

Profession, prêtre: trois générations témoignent

ISBN 2-89507-112-8

1. Église catholique - Québec (Province) - Clergé - Biographies. 2. Témoignage (Christianisme). 3. Bonheur. I. Beauchamp, André 1938-   .

BX4671.P757 2000   282'.092'2714   C00-941229-8

NOVALIS

Communiquez à tous la parole de Dieu que vous avez vous-mêmes reçue avec joie. En méditant la loi du Seigneur, croyez ce que vous lirez, enseignez ce à quoi vous croirez, conformez-vous à ce que vous enseignerez.

Que votre enseignement soit une nourriture pour le peuple de Dieu et votre vie, «bonne odeur du Christ», une source de joie pour les fidèles du Christ, afin que, par la parole et par l'exemple, vous construisiez la demeure qui est l'Église de Dieu.

Homélie pour l'ordination des prêtres

Marié et père de famille, Jean-François Bouchard est directeur des publications françaises de Novalis et directeur de *Prions en Église*. Il a été tour à tour responsable diocésain de projets pastoraux, auteur et professeur de théologie.

Présentation

Jean-François Bouchard

Ce livre est né d'une question toute simple: dans le contexte d'aujourd'hui, peut-on être prêtre et heureux de l'être? Comme j'ai la chance d'en côtoyer qui me semblent assumer leur condition avec un certain bonheur, j'ai décidé de les réunir autour d'une même table pour leur demander de témoigner de leurs raisons de vivre et de durer, dans une «profession» qui n'a plus la cote sociale.

Première surprise: presque tous ont accepté spontanément mon invitation. J'ai adressé une lettre à neuf prêtres: huit ont accepté, un s'est retiré rapidement du projet. L'idée leur est apparue intéressante. Visiblement, ils ont eu envie d'oser prendre la plume pour se dire, avec sincérité et pudeur. Mais des objections n'ont pas tardé à se faire entendre de leur part: qui étaient-ils pour témoigner publiquement «au nom» du presbyterium? Étaient-ils représentatifs de l'ensemble du clergé? De plus, l'évocation du bonheur créait un malaise. Qu'en diraient leurs confrères? Et puis, plus profondément, étaient-ils *vraiment* heureux?

Qui sont-ils? Des prêtres qui exercent leur ministère depuis dix, vingt, trente, quarante et même plus de cinquante ans. De la trentaine à la quatre-vingtaine, ils sont de toutes les générations contemporaines. Certains étaient déjà prêtres depuis un bon moment au moment de Vatican II. Les plus jeunes sont nés en pleine révolution tranquille. Les premiers ont vu nombre de leurs collègues quitter le presbytérat au fil du temps. L'un ou l'autre a été ordonné au moment où presbytères et églises se vidaient à grande vitesse. Le regroupement de leurs textes sous une même couverture fait de ce livre un témoignage unique sur l'«état d'âme» du clergé en cette fin de siècle. Et on découvrira avec étonnement que les soucis des aînés ne sont pas si loin de ceux des benjamins...

Sont-ils représentatifs? Cette question les a beaucoup préoccupés. Ils exercent des ministères variés, parfois atypiques. Prêtre en paroisse, prédicateur, consultant, professeur, évêque... ils couvrent un large spectre d'activités. Il est vrai qu'une majorité d'entre eux n'ont pas passé toute leur vie dans la pastorale paroissiale. Cela rend-il leur témoignage marginal pour autant? Le lecteur en jugera par lui-même. Personnellement, je crois qu'aucune vie n'est banale. Ni comparable à une autre, d'ailleurs. Au-delà des particularités des professions et des ministères, les défis que ces hommes d'Église ont dû affronter sont ceux des prêtres de leurs générations respectives. Les lecteurs le percevront et le mesureront. Chacun ne représente que lui-même. Et l'ensemble dessine un tableau, très peu descriptif de ce qu'ils *font*, mais heureusement très révélateur de ce qu'ils *sont*. De ce point de vue, ce livre est à la hauteur de sa prétention de révéler quelque chose du paysage intérieur du clergé de maintenant.

Sont-ils *vraiment* heureux? À la lecture de leurs contributions, je n'hésite pas à répondre oui. Ils sont heureux d'un bonheur lucide, tissé serré de petites joies et de grandes souffrances, d'heures sereines et de colères sourdes, d'amitié et de solitude... La vraie vie, quoi! C'est sans doute ce qui fait de cet ouvrage une contribution unique et originale au débat ecclésial. On ne trouvera dans ces pages aucun discours apologétique. Chacun s'en est tenu à écrire à la première personne du *singulier*. Chacun s'en est tenu à la recherche de ses sources d'engagement et de fidélité à sa vocation. Le résultat est un écho des profondeurs. Qui, je l'espère, résonnera quelque peu dans l'Église de chez nous.

Car, en définitive, c'est probablement sur le front ecclésial que ce livre dérangera le plus. En effet, dans le contexte actuel de morosité, il faut presque s'excuser d'être heureux d'œuvrer en Église et d'y exercer un ministère de façon épanouissante. Bien sûr, il y a des manières de faire l'Église qui sont en train de disparaître. Mais il y a aussi une vie pastorale animée par des gens qui ont à cœur l'annonce de l'Évangile.

Sept hommes, prêtres, brillants et sensibles, ont accepté d'exprimer ensemble leur bonheur d'assumer leurs choix. Au nom de tous ceux et celles qui auront la joie de les lire, je les en remercie. Merci pour leur courage.

Car il faut du courage pour être heureux.

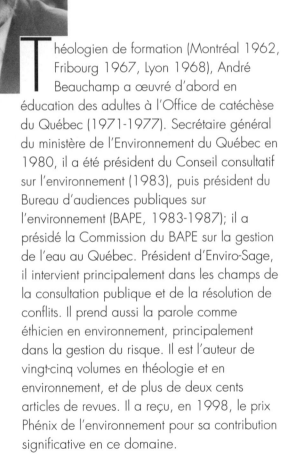

Théologien de formation (Montréal 1962, Fribourg 1967, Lyon 1968), André Beauchamp a œuvré d'abord en éducation des adultes à l'Office de catéchèse du Québec (1971-1977). Secrétaire général du ministère de l'Environnement du Québec en 1980, il a été président du Conseil consultatif sur l'environnement (1983), puis président du Bureau d'audiences publiques sur l'environnement (BAPE, 1983-1987); il a présidé la Commission du BAPE sur la gestion de l'eau au Québec. Président d'Enviro-Sage, il intervient principalement dans les champs de la consultation publique et de la résolution de conflits. Il prend aussi la parole comme éthicien en environnement, principalement dans la gestion du risque. Il est l'auteur de vingt-cinq volumes en théologie et en environnement, et de plus de deux cents articles de revues. Il a reçu, en 1998, le prix Phénix de l'environnement pour sa contribution significative en ce domaine.

Prêtre sans l'être?

André Beauchamp

Comment est-on prêtre quand on fait, comme moi, un simple métier de consultant en environnement? Est-ce un mensonge, un faux semblant? Perte de temps et de talent dans la situation pastorale actuelle, alors que les prêtres sont plutôt rares, vieux et fatigués? Errance dans l'entre-deux d'une appartenance cléricale peu visible et d'un style de vie totalement inséré dans la cité séculière?

Ces questions, on me les pose souvent. Et je me les pose moi-même chaque jour, sans jamais parvenir à les élucider tout à fait. Simple ambivalence, façon d'être dans le clergé sans y être vraiment, délinquance, marginalité profonde? Moi qui, jeune, pensais et aspirais à devenir une copie parfaitement conforme du modèle clérical traditionnel, voilà que je suis devenu comme un homme du dehors ancré malgré tout dans l'institution.

Le ministère presbytéral (on disait autrefois le sacerdoce, mais ce mot reste teinté de sacré et ne rend pas tout à fait compte de la réalité chrétienne) est fait de deux choses: c'est un métier et un état de vie. En tant que métier, il désigne principalement trois tâches: célébrer les sacrements et principalement l'eucharistie, annoncer la Parole et donc enseigner, animer une communauté plus ou moins constituée. En tant qu'état de vie, par ailleurs, la condition presbytérale suppose une certaine mise à l'écart: le célibat, la vie en presbytère, autrefois un costume distinctif (la soutane). Elle suppose aussi et surtout une pratique assidue de la prière et quelques autres vertus attendues: attention aux autres, générosité, acceptation d'autrui. Certains prêtres deviennent religieux et entrent en communauté, ce qui suppose l'obéissance à un supérieur et le partage des biens, c'est-à-dire le vœu de pauvreté. Le prêtre diocésain, pour sa part, est souvent appelé séculier (dans le siècle): il n'est pas un religieux et il est au service d'un évêque dans un diocèse. Traditionnellement, les prêtres religieux (les pères) étaient réputés plus savants et plus saints que les prêtres diocésains. Le prêtre diocésain est plus autonome, s'administre lui-même et doit planifier sa propre retraite. Il ressemble à un travailleur autonome que l'évêque affecte à un poste, mais dont le salaire est assumé par son employeur immédiat: fabrique ou institution.

Le prêtre diocésain est donc un être assez particulier. Dans l'Église orthodoxe (et dans l'Église catholique de rite oriental), il est marié et vit très proche de sa communauté. La tradition romaine, sous l'influence de saint Augustin, a cherché à faire du prêtre diocésain un religieux plus ou moins réussi. D'où l'insistance constante pour le faire vivre à l'écart: le presbytère des années cinquante ressemblait à un monastère. Comment moi, à l'origine prêtre diocésain tout à fait conforme au modèle traditionnel, suis-je devenu un prêtre qui exerce peu de tâches pastorales directes et dont les obligations professionnelles sont telles que son style de vie semble se confondre avec celui de tout le monde, voilà ce que j'aimerais retracer dans le présent texte. J'essaierai de dire la vérité, mais n'ai pas l'intention de m'aventurer dans les confessions. Voyeurs, s'abstenir.

Comme dit le proverbe, le moi est haïssable. Sans donc m'aventurer trop loin dans l'autobiographie et le dévoilement intime, il me faut tout de même accepter une certaine mise en récit de l'itinéraire que j'ai suivi.

Né en 1938, donc avant la guerre, dernier d'une famille de huit enfants dont six filles (mon frère était l'aîné), j'ai été élevé dans une famille très pratiquante, fervente et plutôt fermée, mais qui partageait par ailleurs une énorme joie de vivre. Jeune, j'étais maladif, ce qui a favorisé chez moi un certain mysticisme. Ma mère est décédée alors que j'avais onze ans, ce qui a donné à mes sœurs la chance de me surprotéger. J'ai été un collégien assidu, boutonneux et très soucieux d'obtenir de bonnes notes. À vingt ans, le fort en thème que j'étais devenu s'est orienté tout naturellement vers la prêtrise. J'étais doctrinaire et intolérant. J'avais une bonne fibre sociale et je voulais changer le monde, évidemment. La voie royale pour cela me semblait la prêtrise, même si je sentais en moi une forte dose d'anticléricalisme.

De mes années de Grand Séminaire, de 1958 à 1962, je garde des souvenirs complexes. Une expérience de vie communautaire intense et fébrile, une découverte émerveillée de la liturgie, du silence, du cadre monastique du séminaire et de la grande tradition théologique. Mais aussi une intuition déchirante de l'inadéquation de notre cadre de pensée face aux défis du monde d'aujourd'hui. La Révolution tranquille explosait de partout. Nous pressentions le Concile avant le temps et nous souhaitions que s'ouvrent les portes d'un monde étouffant. J'avais inscrit dans un cahier de notes cette pensée qui me fait sourire aujourd'hui: «La hache, toujours la hache et encore la hache! Ouvrir le chemin. À d'autres de le paver.»

Ordonné prêtre du diocèse de Montréal en 1962, j'ai d'abord été vicaire à Sainte-Cunégonde. J'y ai fait une courte mais marquante expérience de JOCF (Jeunesse ouvrière catholique féminine). En 1963, je devenais professeur de catéchèse au Collège Saint-Paul, aujourd'hui Cégep Bois-de-Boulogne. J'entrais là comme un jeune dauphin auquel on promettait une carrière en philosophie. Ce fut plutôt l'échec. Un mauvais conflit d'autorité me ramena simplement vicaire à la Nativité-de-la-Sainte-Vierge pour une période de deux ans (1964-1966). Là aussi, ce furent deux années d'enchantement. À l'été de 1966, le cardinal Léger m'annonça sa volonté de me nommer aumônier à l'Université de Montréal. Il se ravisa ensuite (heureusement!) et m'envoya étudier la théologie à Fribourg (Suisse). En fait, le cardinal voulait me voir étudier en droit canon. Moi, je voulais plutôt la sociologie, les sciences politiques ou la philosophie sociale. Résultat des négociations: la théologie.

Le délai prévu était de deux ans. Réalisant bien vite que je ne pourrais parvenir à faire un doctorat en deux ans, je m'ouvris de cette difficulté au cardinal. Il me répondit en substance: «Faites ce que vous voulez, mais vous ne disposez que de deux ans.» J'ai compris, bien plus tard, que j'avais fait une erreur en m'ouvrant si naïvement de mes difficultés au cardinal. Le cardinal ne connaissait pas bien le contexte intellectuel des universités des années 1960. J'aurais dû simplement travailler solidement pendant deux ans. Il aurait ensuite suffi qu'un professeur ou deux attestent de mes travaux pour convaincre l'autorité de me donner plus de temps. Mon souci un peu infantile d'approbation de l'autorité tua dans l'œuf la possibilité d'une carrière universitaire. Au lieu de devenir un chercheur, je deviendrai un vulgarisateur. Après une année à Fribourg et une autre à Lyon, en théologie, je revins à Montréal pendant les événements de mai en France. Je fus rapidement nommé recherchiste pour monseigneur Grégoire, nouvel évêque en poste, à titre à la fois de conseiller, de rédacteur et de chercheur.

Alors que je résidais à la paroisse de la Nativité, le curé, Gaston Nicole, me demanda d'accompagner une quarantaine d'adolescents, gars et filles, récemment regroupés en une chorale. Le groupe prendra le nom de Quatre-Saisons. J'ai vécu avec ces jeunes une aventure fabuleuse qui m'a permis d'expérimenter une forme tout à fait originale d'amitié et de paternité, dont l'influence reste marquante pour moi encore aujourd'hui. Expérience affective et culturelle déterminante.

En 1968, c'était le moment de la révolte folle. Tous les cadres éclataient. La gauche sapait systématiquement tout ce qui marchait. Le marxisme triomphait, le féminisme émergeait. On avait l'impression d'un commencement absolu. Moi, avec un paquet de jeunes, je refaisais les apprentissages de base au fil d'interminables discussions: la liberté, l'amour, l'argent, l'autorité familiale, la drogue, les relations gars-filles, les études, le dialogue. Ils ont envahi ma chambre, mon auto, mon chalet, ma vie. Ils m'ont libéré de moi-même en m'obligeant à être à la fois leur père, leur guide, leur ami. En parlant de certains d'entre eux, je dis encore: mon fils Claude, mon fils Jacques, mon fils Yvon, ma fille Chantal, ma fille Carole. Ou Louise, Lucie, Robert, Jean-Luc, Claire, Jean-Paul, Suzanne, Roland, etc. J'en ai marié plusieurs. J'ai vu grandir les enfants de certains — et me voilà grand-père. J'ai vu des unions se rompre et d'autres aventures commencer. La vraie vie, quoi, où il m'a fallu comprendre du dedans les difficultés et les tensions d'une génération qu'autrement, j'aurais jugée avec dédain. Longtemps, j'ai pensé avoir beaucoup donné à ces jeunes. Mais j'ai retiré d'eux plus encore: le sens même de l'humanité.

Dès 1969, tout en travaillant à l'archevêché de Montréal, j'accepte un peu de travail à l'Office de catéchèse du Québec (OCQ). En 1970, j'y suis deux jours par semaine et trois jours à l'archevêché. À l'automne 1971, je passe à plein temps à l'Office de catéchèse, assumant la responsabilité du secteur des adultes. Me voilà responsable de l'éducation de la foi des adultes pour l'ensemble du Québec avec, comme mandat, d'implanter un programme d'éducation dans le prolongement du rapport Dumont. Le projet prendra le nom de Chantier et durera près de deux ans. Là encore, ce fut une aventure fabuleuse. J'étais fasciné par les questions sociales, par la Révolution tranquille, par l'explosion de la culture et l'éclatement complet de la société québécoise. Un monde nouveau naissait, que nous percevions par intuition et par notre chair autant que par notre analyse. Le rapport Dumont parlait des chantiers prioritaires de la culture et du développement: entendez surtout l'engagement social. Chantier, pour sa part, vulgarisa le concept de «pertinence sociale de la foi». Avec des coéquipiers de haut rang, je me suis attaqué à la tâche d'articuler la foi à la vie sociale, d'établir un pont entre la révolution qui se faisait et l'identité chrétienne: la libération, les conflits, la société de consommation, le travail, la famille. Nous avions mis sur pied un projet dit multimédia, articulant ensemble travail de groupes, émissions de télévision et documents écrits. Nous animions les dix-huit diocèses du Québec avec la fougue de la jeunesse. L'OCQ, pour sa part, avait déjà beaucoup fait dans le domaine de la catéchèse scolaire pour reformuler la foi. C'était un milieu bourdonnant, plein de prêtres et de religieuses travaillant dans un contexte nouveau de liberté et de créativité. En peu d'années, une dizaine de ces prêtres auront changé de statut et se seront mariés. Partout, à l'université, dans l'Action catholique, dans les œuvres à caractère social, dans le ministère pastoral, même dans les services diocésains, les prêtres quittaient à pleine porte. Une mauvaise blague circulait chez les jésuites: «Que le dernier qui partira pense à éteindre les lumières.»

Ces départs n'étaient pas simplement liés à la crise du célibat. Bien sûr, un autre style de vie, une liberté nouvelle, une autre conception du rapport amoureux, des contacts quotidiens et suivis entre des hommes et des femmes sur le plan même du travail constituaient un terreau nouveau propice à la mise en question du célibat. Il suffit de si peu pour que naisse l'amour.

Un autre facteur, peut-être finalement plus important, jouait en sourdine. Le pouvoir se déplaçait dans la société. Le prêtre de la société cléricale québécoise exerçait une autorité certaine. Autorité spirituelle et morale, il était un des maîtres du savoir, un détenteur du pouvoir.

Avec la Révolution tranquille, le pouvoir s'est déplacé de l'Église vers l'État. Tout naturellement, beaucoup de prêtres ont quitté le statut clérical devenu fortement contesté et méprisé en faveur de rôles importants dans une fonction publique en pleine expansion. Il ne faut pas trop s'étonner que ce soit parfois les plus instruits, les plus forts, les plus audacieux qui aient franchi le cap. Alors que l'institution Église apparaissait en chute libre, en déliquescence, une autre force montante s'imposait. Le nationalisme devenait un substitut à la foi, et des formes nouvelles de leadership permettaient d'associer promotion personnelle et service public. Il n'était plus nécessaire d'être prêtre ou religieux pour servir la société. La compétence et les nouvelles règles du jeu mises en place par l'État suffisaient.

Avec le recul, il me semble que c'est cette recherche inconsciente d'un autre terrain pour exercer le leadership qui me poussa en 1973 à devenir membre de la Société Saint-Jean-Baptiste de Montréal. En 1977, j'accédais à la présidence de cette vénérable société. C'était une grave erreur de ma part. Je n'étais pas prêt. La SSJB est un milieu dur, difficile, un lieu privilégié d'apprentissage politique. Je manquais d'expérience pour assumer une présidence dans un Conseil général déchiré par des oppositions de clans, véritables guerres de tranchées. Ma présence très intense à la SSJB et une double affectation à l'Office de catéchèse — où j'assumais, en plus du secteur des adultes, un travail énorme pour le secteur des adolescents — m'ont surmené. Des crises d'angine répétées m'ont forcé à prendre un long congé.

Au printemps 1977, je quittai donc l'Office de catéchèse, confiant de trouver plus tard du travail à Radio-Canada. Après un long repos de six ou sept mois, Jacques Brault, chef de cabinet du ministre de l'environnement, Marcel Léger, qui avait travaillé à l'animation de la SSJB, me demanda de faire une recherche sur les actions possibles et souhaitables dans l'appareil gouvernemental en ce qui concerne l'éducation relative à l'environnement. Comme il s'agissait d'un contrat de quatre mois et que j'étais un peu hors cadre, j'ai accepté la proposition sans même demander l'autorisation à mon évêque, monseigneur Paul Grégoire.

Je plongeai alors à fond dans une question, l'environnement, dont je ne connaissais à peu près rien. Et j'y fis des découvertes énormes. La crise de l'environnement met en cause la représentation que nous avons du rapport de l'être humain à la nature. L'idéologie chrétienne du vingtième siècle, dans sa lutte contre le marxisme, insistait énormément sur le travail et sur la nécessité d'une action efficace ici et maintenant. Le milieu écologique (que l'on désigne souvent par le terme de «nature») y est vu comme une demeure à aménager, comme une matière à transformer et à humaniser. Les thèmes du travail créateur et de l'humain co-créateur étaient omniprésents dans la théologie et la pastorale. Pour sa part, l'idéologie marxiste, ou marxienne, est une idéologie volontariste, technicienne, obsédée par l'efficacité et l'exploitation de la nature. Dans sa lutte contre le marxisme, l'Église insistait sans cesse sur le travail libérateur et sur l'importance de transformer la nature. Or, la crise écologique révèle un échec de l'être humain en tant que démiurge: la nature a ses rythmes et ses fragilités et l'être humain ne peut pas se penser en dehors de la nature. On connaît la thèse de Weber sur l'éthique protestante du capitalisme et sa conception de la profession comme vocation. Il en est résulté une volonté acharnée de dominer le monde, pour l'humaniser, pour le christianiser. Or la crise écologique, réelle ou appréhendée, suggère que certaines conceptions du devoir de maîtriser et de transformer la nature pourraient nous mener à notre perte. Une certaine vision du christianisme vacillait sur ses bases. Le fameux texte de Genèse «Dominez la terre et soumettez-la» devenait problématique, voire dangereux. Une certaine représentation du monde (au Moyen Âge, on disait *imago mundi*) était à refaire. Ce fut pour moi une révélation. Ma carrière de théologien prenait un virage nouveau. J'y travaille depuis plus de vingt ans.

Quand mon contrat prit fin, j'appris que le secteur des émissions religieuses de Radio-Canada avait décidé de ne pas retenir ma candidature. Je me retrouvais donc à nouveau sans emploi. Au lieu de chercher un emploi en Église, je continuai tout naturellement à travailler dans le domaine de l'environnement. Mon rapport de recherche recommandait au ministre de constituer, au sein des Services de protection de l'environnement, une petite équipe de professionnels en éducation relative à l'environnement. Il y eut ouverture de poste et concours. Je posai ma candidature et gagnai le concours. À l'automne 1978, je devins donc fonctionnaire. En 1980, à la création du ministère de l'Environnement, je devins secrétaire général du ministère, occupant donc un poste de cadre. Au printemps 1981, après sa réélection, le ministre Marcel Léger se cherchait un chef de cabinet. Après avoir vu une dizaine de candidats se défiler, il m'offrit le poste.

Là encore, je n'ai pas demandé d'autorisation à mon évêque. Je fonçai tête baissée. Aujourd'hui, on jugerait cet emploi incompatible avec le statut de prêtre. Travail politique et prêtrise ne vont pas ensemble, à cause du caractère militant intrinsèque à l'action politique, alors que la prêtrise exige davantage d'aptitude à la bonne entente, à la réconciliation et à l'insertion dans la communauté. En 1981, il y avait une forme de tolérance à l'égard de l'engagement politique. Si j'avais demandé à mon évêque son autorisation, il me l'aurait probablement refusée. Mais devant le fait accompli, monseigneur Grégoire, qui me connaissait bien et m'aimait plus encore, n'a rien dit.

C'est ainsi que j'ai appris la politique du dedans. Après la militance tout azimut de la SSJB, après la fréquentation des milieux populaires avec la JOC puis avec les Petites Sœurs de l'Assomption, après ma plongée avec des jeunes dans l'après-1968, après des années de chantier, après l'apprentissage de la fonction publique comme secrétaire général du ministère, voici que je participais de l'intérieur à la gestion politique. Je n'avais pas de culture politique à proprement parler. Là encore j'ai appris, et appris vite, faisant un chef de cabinet plus administratif que politique, plus soucieux du contenu que de la stratégie, mais un chef de cabinet tout de même. J'ai mieux compris le fonctionnement de l'État et aussi, en retour, celui de l'Église en tant qu'institution.

Au mois d'août 1982, coup de théâtre. Le premier ministre René Lévesque congédie Marcel Léger. Normalement, je devais revenir à la fonction publique. Le nouveau ministre, Adrien Ouellette, me demande de faire la transition d'un cabinet à l'autre. Ce que j'accepte. En janvier 1983, on me nomme président du Conseil consultatif de l'environnement, puis en juin de la même année, président du Bureau d'audiences publiques sur l'environnement (BAPE). Le BAPE, on le sait, reçoit des mandats d'enquête et d'audience sur des projets d'envergure susceptibles de modifier l'environnement de manière importante et, souvent, susceptibles d'affecter la santé humaine. Faut-il ou non approuver un projet — par exemple, une ligne de transport d'énergie électrique, des arrosages chimiques sur les forêts, la construction d'une autoroute? Quel en sera l'impact? Quelles sont les craintes et attentes des citoyens? Quelles sont les valeurs mises en cause?

Au BAPE, j'étais comme un poisson dans l'eau. Je commençais à faire la synthèse de mes savoirs intellectuels et de mon expérience pratique. Je devenais capable d'intégrer dans un même horizon de valeurs des données scientifiques, techniques, financières et sociales. Je n'étais pas par ailleurs un prêtre très actif en pastorale: un peu de ministère de fin de semaine, des contributions écrites à des revues et à des périodiques — dont une collaboration ininterrompue depuis 1971 à *Prions en Église*, divers comités et conseils d'administration, des interventions sporadiques au gré des circonstances. En accédant au BAPE, j'atteignais un autre niveau d'intervention, au carrefour de l'éthique et des valeurs, où l'enjeu social devenait considérable.

Je mis fin à ma carrière de fonctionnaire au mois d'août 1987, pour accepter le poste de directeur des Éditions Bellarmin. Spécialisées en théologie, en spiritualité et en philosophie ancienne, les Éditions Bellarmin appartenaient aux jésuites et étaient rattachées au Centre justice et foi. Ce fut comme un retour au bercail, une réintégration dans l'institution. J'ai pu travailler auprès d'amis, comme Julien Harvey et Gisèle Turcot, et de collègues de haut niveau, dans une dynamique fascinante. Trois ans plus tard toutefois, sur mon conseil, les jésuites vendaient les Éditions Bellarmin aux propriétaires des Éditions Fides. Je me trouvais donc à nouveau sans emploi. Comme la vente d'une maison d'édition est une transaction complexe qui demande un long suivi, j'ai conclu une entente avec le Centre justice et foi pour obtenir le statut de chercheur associé. Je travaillais au Centre, mais je devais subvenir à mes propres besoins. Je suis donc devenu pigiste en environnement. J'ai fondé la compagnie Enviro-Sage inc., puis avec trois collègues, une autre compagnie spécialisée en consultation publique et en résolution de conflits, le Groupe Consensus inc.

En 1999, j'ai accepté de présider la Commission du Bureau d'audiences publiques sur l'environnement chargée de tenir une audience sur la gestion de l'eau au Québec (mars 1999-mars 2000). C'est une tâche énorme que de consulter toute la population du Québec sur un sujet aussi vaste, de faire sortir l'information, d'entendre les positions des différents groupes et milieux du Québec pour enfin suggérer des orientations au gouvernement. L'eau est en passe de devenir la question géopolitique de l'heure. Je m'étonne toujours qu'on m'ait demandé à moi, prêtre et théologien, de présider cette Commission. Parfois, pour se moquer, des gens me disent: la Commission de l'eau bénite. Ma présence à cette Commission me semble illustrer qu'un certain anti-cléricalisme est bien mort. Plus important encore, elle laisse entendre que les questions en émergence ne sont pas simplement des questions scientifiques et techniques, mais aussi des questions symboliques, éthiques et sociales qui demandent une multitude de regards et de points de vue. Paradoxalement, mon errance hors des sentiers battus du ministère pastoral m'amène au cœur d'enjeux cruciaux. Même sur des questions proches de la théologie comme l'éthique, les valeurs, la spiritualité, j'ai plus d'audience maintenant que je n'en aurais eu si j'avais fait une carrière proprement cléricale.

Dans la pratique, je suis donc un prêtre *free lance*, associé au Centre justice et foi et consultant en environnement. Mes champs d'intérêts sont vastes: consultation publique, processus de collaboration et de résolution de conflits, éducation, déontologie, intégration de valeurs, éthique et spiritualité de l'environnement, conseil, recherche. Mes clients principaux sont des ministères, des municipalités, des entreprises privées. N'ayant pas d'institution derrière moi, je fais donc l'expérience de la pige propre au travailleur autonome: ni vacances, ni congés de maladie, ni aucune sorte de garantie. On dit que, bientôt, 25 % des travailleurs seront dans cette situation. À mon âge et dans ma situation, cela va plutôt bien. Mais pour un jeune de trente ans, dans une situation identique, le projet de vie reste précaire.

Quelle sera la suite? Je ne sais pas trop. Comme j'ai beaucoup écrit — une dizaine de livres en environnement, une quinzaine sur des questions plus proprement religieuses, et des centaines d'articles —, je laisse aller les choses en répondant à la demande. Je m'imagine une semi-retraite avec un certain nombre d'activités pastorales. Il m'arrive de penser à la vie contemplative. En réalité, je n'ai jamais vraiment planifié ma vie. Ma carrière s'est dessinée à l'improviste, au gré des demandes et des coups de cœur. Elle ne ressemble en rien à ce que j'imaginais à 24 ans quand, couché dans le chœur de la cathédrale de Montréal, j'entendais le chant de la litanie des saints sur les ordinands et désirais finalement mourir à ce moment même. «On devrait mourir quand on est heureux.» Avec l'âge et le recul, je comprends mieux que ma prise de distance à l'égard de l'institution correspondait à une série d'inconforts, de malaises, de résistances plus ou moins bien intégrés. Sans doute aussi à une énorme révolte, une colère noire, une impression d'être passé à côté de quelque chose d'essentiel, mais que je ne puis nommer.

J'étais, à l'origine, un prêtre de chrétienté. Quand la Révolution tranquille a entraîné le déplacement du leadership dans la société, beaucoup de prêtres ont suivi. Je pense que c'est cela que j'ai fait, sans rompre complètement les amarres. J'ai eu besoin de me prouver ma propre valeur en entrant de plain-pied dans une carrière profane. J'ai voulu quitter la serre chaude du monde clérical et m'assumer: tenir logement, faire mes repas, laver mon linge, gérer mes affaires, diriger ma vie et ma carrière, faire une expérience de travail profane, gérer des employés dans le cadre d'une convention collective, etc. Dans le fil ténu qui me rattachait à l'institution, quelques activités m'ont servi d'ancrage: un service pastoral de fin de semaine presque sans arrêt, des contributions ininterrompues à *Prions en Église*, à *Rassembler*, au *Feuillet paroissial*, activités qui m'ont forcé à lire et à travailler un peu en théologie, des collaborations sporadiques à des revues, à des comités, etc. J'ai très rarement dit non à des demandes, d'où qu'elles viennent. Et depuis dix ans, une énorme recherche en théologie de l'environnement, incluant un passage de cinq ans à la Chaire de recherche en éthique de l'environnement de l'Université McGill. Je remercie en passant messieurs William R. Shea et Pierre-Marc Johnson pour leur confiance et leur appui. William Shea surtout est devenu un ami et continue à m'associer à des activités internationales.

Il se peut que ma vie ait été une errance hors des sentiers battus. Mais il est par ailleurs certain que cette errance fut féconde dans la mesure où mon enracinement dans la vie m'a rendu capable de dire la foi dans les mots d'aujourd'hui avec une certaine originalité. En tout cas, c'est cela qu'on dit de moi. J'ai horreur du bla-bla religieux, de la «pieuserie», de l'enfermement ecclésiastique, de cet en-soi d'un monde clos sur lui-même. Je cherche inlassablement «des mots pour le dire», des symboles, des pistes. J'ai finalement mené en solitaire une carrière intellectuelle axée sur la pertinence de la foi, pertinence intellectuelle, sociale et éthique. Ma présence longue et intense auprès des jeunes des Quatre-Saisons m'a permis de comprendre de l'intérieur les années

1970 et 1980, d'en saisir les rêves et les défaillances. Pour le meilleur et pour le pire.

Au fond, qu'est-ce que c'est, être prêtre? Est-ce un état, est-ce une fonction? C'est normalement une fonction, une série de tâches qui s'enracinent dans un état, une consécration. Depuis Augustin, je l'ai évoqué plus haut, le courant dominant cherche toujours à transformer les prêtres en religieux, en moines. Mais le clergé dit séculier résiste à cela, et pas seulement pour des motifs de facilité ou de médiocrité. Pour des motifs liés à l'incarnation, au partage, à une certaine compréhension de la foi chrétienne qui fait passer la présence avant le reste.

Les termes utilisés maintenant pour évoquer le prêtre et ses fonctions sont souvent des termes issus du vocabulaire religieux. Dans une certaine conception, le prêtre ressortit à l'ordre du sacré. On dit en grec *hiereus*, traduit en latin par *sacerdos* et par *pontifex*, pontife. Dans cette conception, le prêtre n'appartient plus à la réalité profane, c'est-à-dire qu'il n'apparaît comme prêtre que par son entrée dans le monde du sacré. D'où l'importance d'une mise à l'écart, symbolisée par des vêtements particuliers, souvent par une langue secrète, par un rituel, par le célibat, par un style de vie, ou par des habiletés exceptionnelles ancrées ou acquises comme la lecture des songes, la voyance, l'extase, etc. Qu'il s'agisse du bonze ou du chaman, du prophète ou du sorcier, de la vestale romaine ou du sacrificateur du culte inca, voire même de la prostituée sacrée, le contact avec la divinité ne s'imagine pas sans une rupture avec la quotidienneté, comme le passage du profane au sacré dont le prêtre, personnage sacré par excellence, est en quelque sorte le médium.

La lettre aux Hébreux réserve le vocabulaire religieux et sacré pour parler de Jésus. L'auteur ne l'utilise pas pour les officiers de la communauté chrétienne. Au début de la religion chrétienne, nous assistons au refus de ce vocabulaire sacré. Pour les nouveaux croyants, il n'y a qu'un seul prêtre, Jésus, dit «le Christ», celui que le Père a ressuscité et qui est entré en gloire. Un petit nombre de personnes sont les témoins de la vie et de la mort de Jésus; elles prolongent son enseignement. On les dit apôtres, c'est-à-dire envoyés. Quand la communauté chrétienne s'organise, que les tâches se diversifient et qu'il faut se structurer, on voit apparaître un langage profane. Une structure se met en place: on parle de diacres (en grec, serviteurs), de presbytres (anciens), d'épiscopes (surveillants). Dans ses premières lettres, Paul utilise un vocabulaire étonnant: apôtre, prophète, docteur; dons de guérison, d'assistance, de gouvernement, diversité de langues (*1 Corinthiens* 12, 28-29). Une autre liste propose: prophétie, service, enseignement, éducation, présidence, miséricorde (*Romains* 12, 6-8). Et Paul, l'Apôtre, se vante d'être demeuré fabricant de tentes et de n'avoir été à la charge de personne. Dans sa première lettre à Timothée, Paul parle de celui qui assume la charge d'épiscope ou surveillant — qu'on appellera plus tard évêque: qu'il «soit irréprochable, mari d'une seule femme, qu'il soit sobre, pondéré, courtois, hospitalier, apte à l'enseignement, ni buveur, ni batailleur, mais bienveillant, ennemi des chicanes, détaché de l'argent, sachant bien gouverner sa propre maison et tenir ses enfants dans la soumission d'une manière parfaitement digne» (*1 Timothée* 3, 2-4). Les termes «mari d'une seule femme» ont le plus souvent été compris comme marié une seule fois, c'est-à-dire ni divorcé, ni veuf remarié, ni bigame. On les comprend aujourd'hui plutôt dans le sens: l'homme d'une seule femme, c'est-à-dire un homme amoureux de sa femme, dont la sexualité est fixée de sorte qu'il n'est pas dangereux pour le bon ordre de la communauté. Les hommes non fixés sexuellement sont toujours à risque.

Ainsi quand la communauté chrétienne émergea dans son originalité première, elle récusa les formes usuelles de la sacralité juive et païenne et organisa ses ministères à partir d'un vocabulaire profane. Il y a derrière cela une raison théologique profonde. En Jésus, Dieu s'est fait chair, il a habité parmi nous. Le corps du Christ est désormais le temple de Dieu, le lieu privilégié de sa rencontre. C'est au plus intime de la réalité humaine que Dieu se livre, qu'il est rencontré. En un sens, la dichotomie profane/sacré est abolie. Ce n'est pas en quittant la réalité humaine dite profane (l'histoire, le corps, le travail, la nature) que l'on accède à Dieu. C'est en débusquant au fond de la réalité humaine l'image de Dieu, laquelle est l'ultime réalité: «À l'image de Dieu il les créa, homme et femme il les créa» (*Genèse* 1, 27). La tension de la sacralité n'est pas entièrement abolie; elle est déplacée. Elle ne se situe plus dans le registre profane/sacré mais dans celui de la non-foi/foi, ou de l'amour de soi/amour d'autrui.

Le retentissement d'une telle conception est considérable pour ce que l'on peut appeler la tâche pastorale. Celui que l'on appelle le prêtre, et qu'on devrait appeler l'ancien, n'est en aucune manière un super-chrétien. Il est un croyant qui essaie d'assumer certaines tâches particulières dont celles de l'enseignement, de la prière liturgique et de la direction de la communauté. Ces fonctions ont été progressivement sacralisées tout au long de l'histoire, surtout à cause de saint Augustin qui avait une peur farouche du sexe et qui voulait faire du pasteur un moine. Ces fonctions exigent un certain nombre de dons personnels, une formation intellectuelle, psychologique et spirituelle approfondie et un cadre d'existence particulier. La question du célibat n'est que l'une des questions qu'on peut poser. En faisant du célibat une question centrale, l'Église de Rome a sacralisé le presbytérat. Elle a fait du prêtre un être à part, marginal, insistant donc sur le mise à l'écart du prêtre par rapport au reste de la communauté, et ce aux dépens de sa présence à la communauté.

Quand je regarde ma vie à partir de ce que je suis maintenant, force m'est de dire que des trois principales fonctions pastorales — la liturgie, l'animation d'une communauté et l'éducation de la foi, c'est la troisième qui a surtout occupé ma vie. Je l'ai remplie un peu par l'enseignement et la prédication, par des exposés et des conférences de toutes sortes, par des entrevues à la radio et la télé, mais principalement par l'écriture. Écriture vulgarisée, écriture plus savante. Sauf pour la période 1968 à 1977, cette tâche d'écriture s'est accomplie comme une œuvre surérogatoire, en dehors des tâches courantes du métier. Tôt le matin, souvent le soir et la nuit, la fin de semaine, pendant les vacances. C'est le fil de trame d'une vie autrement dispersée. L'écriture est un rendez-vous avec la solitude, une conversation *in absentia*, où l'interlocuteur inconnu sera présent ailleurs et plus tard, à notre insu. Quand le texte vivra de sa propre vie, l'auteur sera déjà ailleurs à la poursuite d'une autre intuition.

Qu'on soit prêtre à temps plein dans des activités pastorales bien identifiées, ou qu'on le soit comme indirectement à travers le détour d'une vie professionnelle inscrite en terre profane, et compte tenu du caractère aléatoire de la tension profane/sacré en régime chrétien, ultimement, on n'est qu'un prêtre parmi d'autres. Chacun porte sa pierre dans l'édification du bâtiment. Je n'aurai pas été ce que je pensais devenir. Qui donc est vraiment à l'image de ses rêves? Si j'étais devenu le prêtre de mes rêves, je serais très installé dans l'institution, mais probablement très affirmatif, assez catégorique, plutôt intransigeant et à tendance fasciste, ou j'aurais craqué et je serais parti. J'ai moins de certitudes et plus de doutes, plus de questions. Les mystiques disent qu'on sait moins ce que Dieu est que ce qu'il n'est pas.

Je me suis découvert plus délinquant que je ne le croyais, plus libre, plus autonome. Plus seul aussi, fatalement. Certains rêves d'une vie communautaire intense sont venus battre sur l'inertie de l'institution. L'Église de Vatican II n'a pas tenu ses promesses et le régime actuel se resserre, se referme, semble marqué d'une certaine frilosité. Le clergé québécois ressemble maintenant à un club d'âge d'or où des vieux se racontent les malheurs du temps. Cela n'est pas la faute de ceux qui sont restés, mais l'épreuve terrible d'une incapacité de renouvellement. Et ceux qui restent ont bien droit à un peu de tendresse. Le temps n'est pas au triomphalisme, ni à la trop grande sévérité. Il devrait être à l'accueil, à l'exploration. Le modèle traditionnel est un échec, mais personne n'ose rompre les amarres. Le temps devrait être à l'audace.

L'Église de Rome et, par voie de conséquence, nombre d'évêques québécois, confrères et amis, optent pour l'ordination de vieillards veufs et désireux de finir leurs jours comme prêtres. À cela, j'ai tendance à dire plutôt non. Ce n'est pas le célibat qu'il faut sauver. C'est d'abord et avant tout l'ardeur de la jeunesse, célibataire ou non, la force de la conviction, la résurgence de l'idéal, la puissance de l'Évangile dans sa nouveauté. L'Église de Rome erre gravement en faisant du sexe (mâle) et de la non-conjugalité les critères de son discernement. Il faut casser le modèle traditionnel du presbytérat pour explorer d'autres voies. Mais il n'y a presque personne au Québec pour se lever et oser dire tout haut que le roi est nu. Si l'épiscopat nord-américain se levait comme un seul homme, Rome acquiescerait peut-être. Il fut un temps où l'épiscopat québécois avait la crinière fière. Il se range peu à peu. Il est, à la vérité, trop petit, trop faible pour faire face à la tempête. Quand la mer est trouble, il faut louvoyer sous le vent.

Le résultat risque d'être bien étrange: serons-nous une Église, avec plein d'agents et agentes de pastorale dans des ministères dits institués, mais très peu de prêtres, sauf quelques vieillards pour chanter des funérailles ou bénir des mariages? Il m'arrive de rêver de gens qui casseraient un peu la baraque. Dans le diocèse de Montréal, nous avions fondé une association de jeunes prêtres qui avait amorcé la contestation. Puis tout est rentré dans l'ordre. Mon détour personnel par une profession séculière m'a finalement permis de rester dans le clergé en évitant certains combats ouverts qui m'auraient mené trop loin. Et je ne sais pas si cela est un bien ou un mal. Aurais-je dû aller jusqu'à la rupture? Eût-il mieux valu rester plus proche du match établi?

C'est un peu cela que j'ai appris par le long détour de ma vie et de ma carrière. Tout est toujours plus complexe qu'on ne l'avait cru. «*O vos omnes qui transitis per viam, attendite et videte si est dolor sicut dolor meus.*» C'est un mot que la tradition attribue à Marie sur son chemin de douleurs: «Ô vous qui passez sur le chemin, regardez et dites-moi s'il est une douleur semblable à la mienne.»

À soixante ans passés, je vais ma route par les chemins du monde, à la frontière ténue du dedans et du dehors, dans l'entre-deux d'une identité mal cernée et fuyante. Si c'était à refaire? Vaine question. C'est chose faite. Il faut aller encore un peu plus loin. Car il n'est de voyage que chaque jour recommencé.

Finalement, l'aventure du prêtre est celle même de la foi. Il faut s'en remettre à Dieu: lui seul est le juge, et il est Amour.

Aperçu des conditions salariales des prêtres (2000)

Diocèse	Vicaire	Curé, resp. de secteur pastoral	Évêque	Allocation (nourriture)	Allocation (logement)
Québec	18 200 $	18 590 $	18 590 $	[1]	logé ou 3000 - 3600 $
Montréal	16 300 $	17 700 $	17 700 $	3810 $	3810 $
Trois-Rivières	20 100 $	20 400 $	20 400 $	nourri ou 2400 $	logé ou 3600 $
Gaspé	16 608 $[2]	16 608 $[2]	20 042 $	–	logé

1   Tout prêtre doit payer à même son traitement le coût de la nourriture au curé ou à l'administrateur de l'institution qui défraye le coût de la nourriture [1440 $]. Lorsque le curé ou l'administrateur d'une paroisse n'a pas de ménagère, il peut demander à la fabrique la différence entre le coût réel de sa nourriture et la somme de 1440 $ par année qu'elle lui verse déjà dans son traitement.

2   Plus 400 - 3000 $ pour paroisses de plus de 1500 habitants ou éloignées (Îles-de-la-Madeleine).

Sources: *Pastorale Québec*, vol. 111, n° 12 (Québec); *L'Église de Montréal*, 117e année, n° 3 et Commission des traitements des prêtres et des stagiaires (Montréal); Administration financière des diocèses de Trois-Rivières et de Gaspé.

Né en 1933, ordonné prêtre le 31 mai 1958, Jules Beaulac détient un doctorat en théologie (Rome, 1962) et une maîtrise en catéchèse (Bruxelles, 1963). Il sera tour à tour directeur spirituel au Grand Séminaire de Saint-Hyacinthe (1964-1971), collaborateur au Secrétariat général de l'Assemblée des évêques du Québec (éducation, 1971-1975), directeur général de l'Office de catéchèse du Québec (1975-1978), directeur de l'Office de l'éducation chrétienne du diocèse de Saint-Hyacinthe (1979-1982). De 1980 à 1995, il est aumônier au Centre de détention de Saint-Hyacinthe. De 1969 à 1996, il donne des conférences et anime de nombreuses sessions et retraites. Comme écrivain, il se consacre principalement à l'éducation de la foi et à l'évangélisation populaire. C'est ainsi qu'il a collaboré ou collabore à la rédaction de divers périodiques comme *Prions en Église*, *Rassembler*, le *Feuillet paroissial* et la *Revue Notre-Dame-du-Cap*. Il est «retraité» depuis 1996.

Dieu écrit droit
sur des lignes courbes

Proverbe portugais

Jules Beaulac

À l'heure où j'écris ces lignes, j'ai largement franchi la barre des soixante-six ans. Depuis plus d'un an, je suis un pensionné de l'État: je reçois, comme on dit, des prestations de sécurité de vieillesse, ce qui n'est pas de nature à me rajeunir. À moins que je ne vive cela avec un brin d'humour et une once de foi!

C'est dire aussi que je roule ma «bosse sacerdotale» depuis plus de quarante ans. Et, depuis une vingtaine d'années, je suis peu ou prou toujours dans la moyenne d'âge du presbytérium de mon diocèse, et probablement du Québec. C'est dire que lui non plus ne rajeunit pas. Cela aussi fait partie de mon aujourd'hui de prêtre et de celui de beaucoup de mes confrères d'ici et de maintenant.

La vie n'est pas qu'une addition de situations et d'événements, même si elle est aussi cela. L'histoire des êtres humains n'est pas que linéaire. Elle a ses hauts et ses bas, ses sommets et ses abîmes, ses grandeurs et ses misères, qui marquent la trajectoire humaine de pierres blanches et de pierres noires. Selon la manière dont elle est vécue, cette histoire fait ou défait un homme: «Nos vies sont façonnées par ceux qui nous aiment et aussi par ceux qui refusent de nous aimer», dit un proverbe autochtone canadien. Cette histoire nous donne une physionomie personnelle et cisèle, petit à petit, notre personnalité presbytérale.

Andrea Bocelli dit, dans l'une de ses chansons, que l'on ne peut vivre sans passé. Comme c'est vrai! Le passé est un maître, disait Lionel Groulx en parlant de l'histoire de notre peuple. Comment vivre sans tradition, sans transmission? Cela est vrai aussi de l'histoire des personnes. Claudel allait un peu plus loin dans la radiographie de la vie humaine, quand il citait un proverbe portugais en exergue à son *Soulier de satin*: «Dieu écrit droit sur des lignes courbes!» Pour les lignes courbes, c'est assez facile à lire: on n'a qu'à repasser sa vie. Pour les lignes droites, il faut être un peu prophète à la manière, si belle et si juste, que prend Julien Green pour le dire: «Le prophète regarde en arrière et voit demain»; ou encore à la manière, non moins belle et non moins vraie, de Jean XXIII qui nous invitait à «lire les signes des temps», empruntant cette formule à Jésus lui-même (*Matthieu* 16, 3).

La moitié de ma vie, je l'ai vécue avant la Révolution tranquille, avant Vatican II, avant le formidable avènement des nouvelles technologies, notamment d'information et de communication. Mes premières années de prêtrise se sont déroulées dans un Québec «où rien ne change», dans une Église marquée par une longue tradition de pratique religieuse, au milieu d'un clergé qui possédait la vérité! Quand je suis entré au Grand Séminaire en 1954, les modèles sacerdotaux étaient cristallisés dans une Église et une société très stables, dans une chrétienté bien établie, qui vivait sans doute une foi profonde, mais ne s'interrogeait pas beaucoup sur les racines de son être chrétien: on était catholique pratiquant comme on était québécois.

L'autre moitié de mon existence a été marquée par le changement, par l'adaptation toujours joyeuse, parfois laborieuse tout de même, à ce changement. Mutations profondes dans le Québec et dans l'Église de chez nous et d'ailleurs. Mutations profondes également dans le presbytérium. Remises en question de vérités qui semblaient coulées dans le béton. Les modèles reçus firent l'objet de questionnements répétés et se mirent à bouger. Nouveaux modes d'être et d'agir pour tout le monde, y compris pour les prêtres. Période d'exaltation extraordinaire qui, peu à peu, nous marquait en profondeur et nous changeait le cœur et l'esprit. Ceux qui, parmi nous, ont vécu Expo 67 peuvent témoigner du vent de fraîcheur et de liberté que ces années-charnières ont soufflé sur la société et sur l'Église québécoises. Ce vent nous entrait par tous les pores de la peau et, peu à peu, nous transformait en profondeur.

Quand je regarde ma vie de prêtre à travers ce prisme de notre histoire, j'y découvre des couleurs dominantes, des reflets particuliers, des lumières éclatantes, qui se polarisent autour d'un rayon central que je nommerais volontiers l'éducation, et qui se projettent sur deux champs principaux: l'évangélisation populaire et la miséricorde.

Mais commençons par le commencement.

> — Avant de te former
> dans le ventre de ta mère,
> je t'ai connu...
> — Ah! Seigneur,
> je ne sais pas porter la parole,
> je suis un enfant!
>
> *Jérémie 1, 5-6*

Au départ, je ne pensais pas devenir prêtre. Ma famille, nombreuse (nous étions neuf enfants), n'était pas riche. Mon père travaillait comme journalier dans une usine de la ville. Son salaire suffisait à peine à nous nourrir, et les études classiques, chemin obligé pour accéder à la prêtrise, coûtaient cher. C'est grâce à des sacrifices énormes de mes parents, de mes frères et de mes sœurs aussi, et à l'aide de quelques bienfaiteurs que j'ai pu poursuivre mes études.

Petit à petit, le désir de devenir prêtre s'est dessiné en moi. Il est venu principalement de l'exemple de trois prêtres que j'ai eus sous les yeux durant mes études collégiales. Le premier était un homme d'une piété exemplaire. Il se levait à cinq heures pour «faire ses dévotions», ce qui ne manquait pas d'impressionner l'adolescent que j'étais. Et il avait une conscience aiguë de ce que l'on appelait à l'époque le «devoir d'état». Le second, mon curé, était un pasteur simple, peu raffiné dans ses manières, mais humble et entièrement donné à Dieu et à ses paroissiens. Quand il célébrait la messe, il avait l'allure d'un saint, tellement son contact avec le Seigneur était intense. Quand il visitait ses ouailles, le soir après souper, on sentait qu'il les aimait profondément. C'était un grand pêcheur devant le Seigneur. Souvent, il m'amenait avec lui dans ses excursions. Je fus sûrement l'un des plus gros poissons qu'il ait pris! Son exemple de simplicité, de bonté et de piété, a été déterminant dans mon cheminement vers la prêtrise. Le troisième fut mon professeur de philosophie: homme raffiné, cultivé jusqu'au bout des doigts, humaniste chevronné, chercheur de Dieu à travers la vérité et la culture. Il me donna le goût de l'étude, de la recherche intellectuelle, et me transmit la passion du vrai et du beau. C'est lui, en fait, qui mit le point final à mon désir de devenir prêtre.

Ce cheminement vers la prêtrise qui fut le mien m'amène à tirer quelques conclusions pour les vocations d'aujourd'hui.

Je note combien le témoignage de prêtres que je côtoyais régulièrement a été déterminant dans mon devenir vocationnel. Je me dis parfois, non sans une certaine nostalgie, que ce contact, sinon quotidien, du moins régulier, manque peut-être cruellement aux jeunes d'aujourd'hui. Nos étudiants des collèges, des polyvalentes et d'ailleurs aussi ne voient pas souvent de prêtres, la pastorale étant le plus souvent confiée à des laïques, compétents et croyants bien sûr, et qui ne manquent sans doute pas de souligner à l'un ou l'autre jeune un appel possible au presbytérat. Mais la présence du prêtre se raréfie. D'autre part, beaucoup de jeunes qui ne visitent pas régulièrement l'église ne voient pas davantage de prêtres à la paroisse. Pourtant, la visibilité du prêtre au milieu des jeunes m'apparaît, encore aujourd'hui, un facteur déterminant dans l'appel à la prêtrise.

Il est vrai que la question du célibat obligatoire en rebute plusieurs. J'ai personnellement en mémoire trois ou quatre jeunes hommes «riches», au sens évangélique du terme, que j'avais interpellés lorsque j'étais aumônier d'un Café chrétien, et qui m'avaient répondu: «J'aimerais devenir prêtre, mais c'est la question du célibat qui me bloque; je veux me marier et avoir des enfants.» Ne serait-il pas souhaitable qu'un jour cette loi du célibat, qui est une loi ecclésiastique et non pas une loi divine, soit réévaluée et qu'on puisse envisager, dans un avenir pas trop lointain, un presbytérat célibataire et un presbytérat marié?

Un autre point sur lequel je réfléchis depuis longtemps est celui de la préparation à la prêtrise. Je veux dire les études nécessaires pour y accéder. Quand j'étais jeune, le chemin obligé au presbytérat était celui des études classiques et du Grand Séminaire. Pourtant, au temps de Jésus, les disciples, et en particulier les Apôtres, ne sont pas passés par ce chemin! Il m'apparaît de plus en plus que certains candidats possibles, surtout s'ils ont des vocations d'aînés, tardives comme on les appelait autrefois, et même certains jeunes, ne supportent pas des études aussi longues. Si le jugement est bon et si la vie chrétienne est solide, ne faudrait-il pas penser à des études raccourcies qui, bien sûr, assureraient l'essentiel du dogme et de la morale, de la théologie, de l'exégèse et de la spiritualité, mais qui n'«éreinteraient» pas dans un curriculum qui n'en finit plus? De même, je me demande si le temps n'est pas venu de repenser les périodes de résidence regroupant les futurs prêtres de tous âges, y compris les plus jeunes? Ne faudrait-il pas songer plutôt à favoriser des temps, ponctuels et répétés, bien sûr, d'insertion pastorale, de révision de vie, de retour sur l'action, de prière, d'enrichissement spirituel, etc.? Ne devrait-on pas s'orienter, de plus en plus, vers une pluralité de routes et de types de formation, sans pour autant exclure, pour certains candidats, des études plus poussées?

Ce qui fut essentiel dans la formation des Apôtres, c'est d'abord et avant tout le compagnonnage régulier de Jésus, compagnonnage qui, petit à petit, leur a fait découvrir le cœur du Maître, ce qui le faisait vivre et le faisait mourir; compagnonnage qui les a formés à leur ministère apostolique et a transformé leur propre cœur. Cela, aucun candidat à la prêtrise ne devrait s'en dispenser. Comme prêtres, nous sommes d'abord et avant tout les messagers de Jésus et de sa Parole. Cela se transmet beaucoup plus par le témoignage d'une expérience que par des connaissances, même les meilleures. Cela dit, je ne suis pas opposé à des études sérieuses, voire supérieures en certains cas. Mais il me semble qu'elles sont secondes par rapport à l'essentiel qui est Jésus et son Évangile. Notre Église aura toujours besoin de prêtres comme Charles Borromée, mais aussi comme Jean-Marie Vianney!

Une autre chose qui rebute bien des candidats possibles, et pas seulement des jeunes, c'est la permanence de l'état du presbytérat. On ne se fait pas prêtre pour un temps seulement. Or, nous vivons dans une culture de l'éphémère et nos contemporains changent plusieurs fois de professions dans une vie, d'accord. Mais la prêtrise n'est justement pas une «profession» analogue aux autres, un *job* qu'on change à volonté pour un autre, et le prêtre n'est pas d'abord un fonctionnaire, même de Dieu! Pour reprendre la chanson de Richard Desjardins, «quand il aime une fois, il aime pour toujours.»

Si le prêtre est appelé à être prêtre sa vie durant, il apparaît important, particulièrement dans les temps actuels qui le surmènent facilement, d'être très attentif à son itinéraire personnel. Par exemple, être curé de paroisse pendant trente ans peut à la longue le vider. Varier les engagements et assurer tout au long de la vie du prêtre des temps forts de ressourcement (des années sabbatiques, des stages de trois à six mois, etc.) peut être particulièrement utile pour maintenir, voire ranimer le feu sacré.

Enfin, s'il importe que les prêtres et les futurs prêtres mènent une vie exemplaire, il importe également, me semble-t-il, qu'ils donnent le témoignage d'une vie qui reconnaît sincèrement ses limites et qui redémarre humblement en cas de faiblesse. Il ne sert à rien de jouer au parfait, pas plus qu'il ne serait indiqué de donner son aval aux seuls candidats jugés «parfaits». Nous le sommes si peu et les gens ne sont pas dupes. Jérémie ne savait pas parler, il n'était qu'un enfant (*Jérémie* 1, 6). Pourtant, c'est lui que le Seigneur choisit. Moïse était pareil: il bégayait. Pourtant c'est lui, et non son frère Aaron, qui lui parlait bien, que le Seigneur choisit (*Exode* 4, 10-12). Je me souviens du jour où, au Grand Séminaire, comme tous mes confrères, j'avais donné mon premier sermon. Mon professeur m'avait dit: «La prédication ne sera pas votre affaire, vous avez d'autres qualités!» Qui aurait pu se douter, moi le premier, que par la suite, pendant plus de vingt-cinq ans, je sillonnerais les routes du Québec et du Canada pour annoncer la Parole de Dieu?

Les gens pardonnent facilement au prêtre qui fait sans cesse son possible malgré ses limites et ses faiblesses; qui essaie de faire mieux; qui, continuellement et courageusement, se prend et se reprend en mains. Ils lui donnent une deuxième et une troisième chance avec charité et l'aident à poursuivre son chemin. Quand la vérité évangélique est sauve, le reste, s'il n'est pas parfait, sera toujours l'objet de la miséricorde divine et de la tendresse humaine. Jésus n'a-t-il pas accepté dans les rangs de ses Apôtres un Matthieu, collecteur d'impôts réputé fraudeur (*Matthieu* 9, 9-11); un Pierre, futur renégat (*Jean* 18, 25-27); un Jean et un Jacques, ambitieux d'avoir les premières places dans son Royaume (*Marc* 10, 35-40); un Paul qui le persécutait (*Actes* 9, 1-2)?

Autrefois, on voyait le prêtre comme un modèle de perfection, comme un «ange», debout sur un piédestal, ayant déjà atteint les sommets de la sainteté. Aujourd'hui, on lui demande d'être celui qui marche simplement avec les gens, qui cherche constamment, lui aussi, à s'améliorer, qui se pose des questions sur le sens de son existence et sur sa vie de foi. Sans le dire toujours, on souhaite cependant, on exige parfois, que sa spiritualité ait quand même une longueur d'avance... Ne voulons-nous pas, en effet, ce qu'il y a de meilleur pour les personnes que nous aimons et qui nous aiment?

> «Allez de par le monde,
> proclamez la Bonne nouvelle
> à toute la création.»
>
> *Marc 16, 15*

1969. Je suis directeur spirituel au Grand Séminaire de Saint-Hyacinthe. J'enseigne la spiritualité du prêtre diocésain et je fais beaucoup de counseling auprès des futurs prêtres. Chaque jeudi, je prends mon congé chez les moines cisterciens de Rougemont. C'est là qu'un certain soir, ma vie a pris un tournant décisif, là que Dieu a écrit une ligne droite majeure sur une de mes lignes courbes.

J'étais au réfectoire en train de souper. Tout fin seul. Voici qu'arrive un grand bonhomme. Sûrement d'une vingtaine d'années plus âgé que moi. Il vint s'asseoir en face de moi et rompit le silence de règle: «Qu'est-ce que tu fais dans la vie?... Directeur spirituel au Grand Séminaire? Prêches-tu des retraites aux prêtres?... Tu ne prêches pas?... Un éducateur de futurs prêtres qui ne prêche pas aux prêtres est en état de péché mortel, mon garçon!» Je me dis, intérieurement, qu'il en mettait un peu trop et je l'envoyai promener... toujours intérieurement. N'empêche que deux semaines plus tard, il me faisait parvenir une lettre: «Je t'ai trouvé une retraite; tu vas prêcher aux Pères... cet été. Salut!» Il avait signé: Anselme Longpré. Je ne sais pas, encore aujourd'hui, ce qui se passa en moi. Toujours est-il que j'acceptai.

Alors commença pour moi une aventure qui devait durer plus de vingt-cinq ans: retraites aux prêtres, aux religieux et aux religieuses, aux laïques des paroisses; conférences à des mouvements, à des clubs sociaux, aux adultes, aux aînés, aux jeunes, etc.; journées d'étude dans les écoles, commissions scolaires, zones pastorales, etc. Aventure qui m'a beaucoup appris... j'y reviendrai.

1971. L'Assemblée des évêques du Québec me demande de travailler pour le secteur de l'éducation chrétienne et de la pastorale scolaire. C'est l'époque de *Voies et impasses*. Les idées bouillonnent dans la marmite de l'éducation. Deux maîtres, Paul Tremblay et Gilles Raymond, sont à mes côtés pour m'éduquer, c'est le cas de le dire, au concept de l'éducation permanente.

1975. Je suis appelé à diriger l'Office de catéchèse du Québec. Me voilà plongé au cœur du renouveau catéchétique qui fleurit chez nous depuis Vatican II, et même avant. Je travaille avec des catéchètes de haut niveau et j'entre en contact avec des maisons d'édition pour la publication des œuvres de l'OCQ. C'est là, en fait, que je commence à écrire grâce à l'aimable invitation de la maison Novalis.

Et la roue de l'écriture se met à tourner de plus en plus vite: méditations, prières, poèmes, fables, réflexions théologiques, spirituelles et pastorales, sans compter les nombreux carnets de réflexion et de prière pour l'Avent, le Carême, l'été et l'automne, et les articles dans des périodiques religieux.

De cette expérience, j'ai tiré quelques réflexions. D'abord, ce qui a toujours retenu mon attention au fil de cette merveilleuse aventure, c'est que Dieu, si j'ose dire, prépare ses serviteurs. À travers des circonstances qui s'inscrivent dans l'histoire personnelle de chaque personne, à travers — disons-le — des événements providentiels, il nous taille sur mesure pour le travail auquel il nous appelle. Notre plus grand défi n'est pas de nous outiller, mais bien de lire les signes que le Seigneur nous fait pour le suivre sur tel ou tel chantier.

L'éducation de la foi à laquelle je me suis senti appelé a rapidement affiché des couleurs s'apparentant à l'évangélisation, c'est-à-dire non seulement à l'annonce de l'Évangile comme tel, mais à l'annonce joyeuse de Jésus Christ, venu sur la terre pour nous faire vivre en plénitude. Il m'est toujours apparu que la Bible, lue, méditée et actualisée, notamment les évangiles, constituait un lieu important, même indispensable, de la Parole de Dieu dans notre monde et pour notre monde.

Je me souviens que mon évêque me disait souvent, quand nous discutions ensemble de mes «écritures» et de mes «parlures»: «Donne de l'espérance aux gens, ils en ont tellement besoin.» J'ai compris, à travers ses paroles, qu'il ne suffit pas d'annoncer la Parole de Dieu au monde d'ici: il faut aussi l'annoncer comme une Bonne Nouvelle, comme un «plus» à leur raison de vivre, comme le moteur qui donne un sens plus profond à leur existence. N'est-ce pas ce que Jésus faisait quand il parlait à la foule et qu'il lui disait: «Heureux...»? N'est-ce pas ce qu'il donnait aux blessés de la vie qu'il rencontrait sur son chemin? N'est-ce pas ce qu'il demandait à ses Apôtres quand il les envoyait deux par deux dans les villes et les villages?

J'ai appris aussi, à mesure que je prenais de l'expérience dans ce domaine de l'éducation de la foi et de l'évangélisation, que celles-ci devaient revêtir une teinte populaire pour pouvoir être reçues des gens. Il ne suffit pas de dire des vérités, fussent-elles très belles et très grandes. Il faut les dire dans le langage des gens, dans leurs mots, dans leurs images, dans leurs coutumes, dans leur culture. Il ne suffit pas de parler, même bien, devant les gens. Il faut parler aux gens, ce qui est tout différent! Il ne suffit pas de répéter les livres qu'on a lus ou les cours qu'on a suivis, même s'ils sont très bons. Il faut rejoindre le cœur des gens, les toucher, les émouvoir. En un mot, il faut leur parler le langage du cœur. Cela, les médias modernes, en particulier la télévision et l'Internet, l'ont bien compris. Il y a déjà quelques centaines d'années, Luther disait: «Si l'on prêche sur l'article de la justification, les gens dorment et toussent. Si l'on raconte des histoires ou que l'on donne des exemples, les oreilles se dressent dans une écoute attentive et silencieuse.» C'est tout dire! N'est-ce pas ce que Jésus faisait quand il voulait enseigner quelque chose aux gens? Il leur racontait des histoires qu'on appelle des paraboles, il utilisait des images qui rejoignaient leur vécu quotidien: le pain, le blé, la moutarde, la vigne, le figuier, le berger et ses moutons, le père et ses fils.

J'ai appris aussi qu'on ne peut faire d'évangélisation populaire sans aller dans le «trafic», sous peine de prêcher dans le désert. À l'heure où beaucoup de baptisés ne viennent à peu près plus à l'église, c'est l'Église qui doit aller à eux. Il est bien révolu, le temps où le curé attendait les gens à l'église, à la sacristie ou au presbytère! Je me dis parfois que, si Jésus revenait aujourd'hui parmi nous, il irait à l'église, bien sûr, pour célébrer son Père, comme il le faisait jadis à la synagogue et au Temple. Mais il irait encore plus là où se tient le monde, c'est-à-dire sur les places de la ville, dans la rue, dans les centres commerciaux, sur les bancs publics, au stade. N'est-ce pas d'ailleurs ce qu'il faisait quand il vivait sur la terre? Les gens le trouvaient sur le bord du lac, au pied de la montagne, dans la rue, chez Zachée ou Simon, sur la margelle d'un puits...

Je crois enfin que la mission, dont on parle tant aujourd'hui dans les diocèses, et le Québec dont on dit qu'il est devenu lui-même une terre de mission, nous obligent à une répartition plus réaliste de nos efforts pastoraux. Est-il indiqué, par exemple, de déployer la majorité de notre énergie au profit des pratiquants, et même des «recommençants», ou encore pour réparer nos églises? Toutes ces actions sont nécessaires, bien sûr, mais n'ont-elles pas besoin d'être dosées et mesurées précisément à l'aune de la mission? Ce sont les brebis «du dehors», celles qui, trop souvent, cherchent désespérément un sens à leur vie dans les nouvelles religions; celles qui noient leur besoin vital d'espérance dans l'alcool, la drogue ou le jeu; ce sont elles, dis-je, qui devraient maintenant requérir de nous le plus gros de nos énergies. Ainsi, quand nous parlons de travail en «unités pastorales», et nous en parlons de plus en plus, une même vision de la mission s'emploie au mieux à unifier les divers ministères presbytéraux. Par exemple, si certains prêtres se situent davantage du côté de l'initiation à la vie chrétienne ou de la célébration de la liturgie, d'autres sont rendus disponibles pour vivre des engagements spécifiques à la mission.

«J'ai eu faim,
et vous m'avez donné à manger.»

Matthieu 25, 35

1979. Ma santé, qui n'a jamais été celle d'un Samson, est ébranlée. Si bien ou si mal qu'à la fin de mon mandat, je dois quitter l'OCQ. Ces années de travail intense m'ont causé une grande fatigue, tant sur le plan physique que sur le plan nerveux. Je suis également passablement déshydraté sur le plan sacerdotal. Décidément, le travail de bureau et de directeur général d'une PME, même ecclésiale, ne me va pas! Le médecin me recommande un bon repos et même de «sauter un hiver»: «Va donc faire un tour dans le sud.» Quel bon médecin! Après mille péripéties, je me retrouve en Haïti pour un séjour de deux semaines. En fait, j'y reste plus de trois mois. Dieu m'y attend. Heureusement car, sans cette parenthèse haïtienne, je me demande bien ce que serait devenu mon projet sacerdotal! Car aujourd'hui, avec le recul du temps, je m'aperçois que je m'interrogeais profondément sur mon orientation de vie.

Quand j'enseignais la spiritualité au Grand Séminaire, j'avais présenté, en long et en large, le très beau jugement dernier de Matthieu (25, 31-46), qui est un véritable programme d'amour des pauvres. Mais il était resté dans ma tête, il n'était pas encore descendu dans mon cœur et au bout de mes mains. C'est dans les bidonvilles de Port-au-Prince, au foyer de l'Arche de Carrefour, dans les cliniques populaires de Saint-Joseph, dans les «cayes» de l'arrière-pays, que je l'ai véritablement appris avec mon cœur.

Là-bas, j'ai vu tant de personnes dans la misère, affamées, malades, sans travail, livrées à elles-mêmes, que mon cœur en a été retourné sans dessus dessous. À écouter les «ti-mouns» d'Haïti, je me suis aperçu que les œuvres de miséricorde corporelle et spirituelle que j'avais apprises autrefois dans le Petit Catéchisme constituaient, en fait, le cœur de l'Évangile. Ce sont eux, les petits d'Haïti, qui me l'ont appris. Cela m'est resté dans le cœur depuis ces vacances dans le sud.

De retour chez moi, les événements, par lesquels Dieu, j'en suis sûr, écrit ses lignes droites, se sont précipités. Mon évêque vint me consulter pour savoir si je ne connaissais pas quelqu'un pour travailler en pastorale carcérale. Je lui ai dit: «Oui, je suis prêt à y aller, si vous le désirez.» Sur-le-champ, il m'a nommé. J'y suis resté quinze ans. Quinze ans d'évangélisation réciproque, de service mutuel, où on ne sait plus qui reçoit et qui donne le plus, de l'aumônier ou du détenu. Quinze années extraordinaires de grâce, d'espérance et de salut!

Et la roue de la miséricorde a continué de tourner... Puits de Jacob qui recueillent de grands blessés de la vie, drogués, alcooliques, dépressifs, handicapés physiques et mentaux, mésadaptés sociaux et affectifs: j'y ai vécu des expériences évangéliques exceptionnelles. Cafés chrétiens qui accueillent des jeunes, riches et pauvres du point de vue humain et chrétien, et qui constituent un milieu enthousiasmant, non seulement par la jeunesse des membres, mais aussi par leur accueil joyeux de la Bonne Nouvelle. Foyers de l'Arche de Jean Vanier où handicapés mentaux et assistants généreux se côtoient dans des communautés de foi, de partage et d'amour. Que d'expériences merveilleuses où j'ai touché du doigt le Seigneur lui-même dans ses préférés, les pauvres!

Et ça continue encore aujourd'hui avec les malades de la sclérose en plaques et, plus récemment, par l'intermédiaire du CLSC, avec l'accompagnement spirituel de personnes en soins palliatifs à domicile.

De cette expérience, j'ai également tiré quelques réflexions. Il est évident que, si certains prêtres sont affectés à temps plein à la pastorale de la miséricorde, comme les aumôniers de prison ou d'hôpitaux, il y en a d'autres qui ont bien d'autres chats à fouetter. Il reste que l'amour du pauvre est si important du point de vue évangélique et si vital du point de vue pastoral que je m'inquiéterais si la pratique pastorale de tel ou tel prêtre, de même que les orientations pastorales des autorités, ne comportaient pas une dimension de miséricorde envers les plus démunis.

Je crois que le cœur de l'Évangile se trouve au chapitre 10 de l'évangile selon saint Luc: «Tu aimeras ton Dieu de tout ton cœur et tu aimeras ton prochain comme toi-même» (v. 27). Mais, dans la même foulée, je crois que le cœur du cœur de l'Évangile suit tout de suite après: il s'agit de l'amour du pauvre si bien enseigné par Jésus dans la parabole du Bon Samaritain (v. 29-37).

Jean Vanier, lors d'une retraite à laquelle j'ai eu la joie de participer, avait prononcé une parole que je n'ai jamais oubliée, tellement elle m'est allée droit au cœur: «Les pauvres sont les racines de l'arbre de l'Église.» Imaginons un arbre privé de ses racines: il ne vivrait pas longtemps. Imaginons un arbre dont on ne nourrirait pas les racines: il mourrait. Pour qu'un arbre soit beau et bon, occupez-vous de ses racines! Pour qu'une Église soit florissante, occupons-nous des pauvres! Si ce message vaut pour toute l'Église, il vaut d'une façon particulière pour les prêtres de tous les temps, et particulièrement pour ceux d'aujourd'hui. Je le pense fermement.

D'ailleurs, je ne me méprends pas. Ce n'est pas moi qui apporte beaucoup aux pauvres. Ce sont eux qui m'apportent bien plus! Ce sont eux qui sont «mes maîtres», selon l'expression savoureuse de saint Vincent de Paul: «Ils nous enseignent tout.» Ils me poussent constamment à une lecture plus approfondie et plus réelle de l'Évangile.

De plus, à mesure que je m'efforce de pratiquer la miséricorde envers les pauvres, je me découvre moi-même pauvre. Je reconnais humblement mes limites, mes faiblesses, mes misères même. Et cela, tant sur le plan pastoral que sur le plan personnel. Moi aussi, comme tout baptisé, j'ai besoin de la bonté des humains et du pardon de Dieu.

Je me demande souvent s'il y a au moins un pauvre dans ma vie, si mon style de vie, sans être misérable, n'est pas trop au-dessus de celui de la moyenne des gens, surtout que cette «moyenne» se rétrécit de plus en plus au profit d'un enrichissement toujours plus grand des riches et au détriment d'un appauvrissement toujours plus grand des pauvres!

Je suis profondément convaincu que ce sont les pauvres et les appauvris, et ceux qui leur ressemblent, qui vont sauver l'Église. Comme le Christ lui-même sur la croix! Lui qui, de riche qu'il était, s'est appauvri (*Philippiens* 2, 6-8) et nous a tous enrichis de sa pauvreté (*2 Corinthiens* 8, 9). Ceci ne signifie pas qu'il faille maintenir les pauvres dans la misère; au contraire, il faut tout faire pour les en sortir! Mais, de même que je suis persuadé qu'il faut tout mettre en œuvre pour leur venir en aide de toutes les manières possibles, je crois fermement que le prêtre a tout avantage à développer en lui un cœur de pauvre, c'est-à-dire à devenir quelqu'un qui a réellement besoin de Dieu et des autres.

Heureux les pauvres de cœur! C'est à eux que le Royaume est promis (*Matthieu* 5, 3), et c'est par eux qu'il advient.

> «La gloire de mon Père,
> c'est que vous portiez
> beaucoup de fruit.»
>
> *Jean 15, 8*

1996. Le samedi 26 octobre, je m'en souviendrai toute ma vie, je fus frappé en plein cœur, c'est le cas de le dire, par un infarctus. Il en est résulté, dans l'immédiat, cinq jours aux soins intensifs puis, dans le plus lointain, une diminution de mes énergies physiques et nerveuses. Dans les six mois qui ont précédé mon accident cardiaque, je roulais à très haute vitesse: écritures et «parlures» se succédaient sans espaces de récupération. Je sentais bien que quelque chose n'allait pas chez moi, mais allez donc arrêter un train qui file à cent milles à l'heure! Je crois que c'est Dieu lui-même qui l'a arrêté et que, ce faisant, il m'a fait comprendre quelque chose de très important.

Les mois de convalescence qui suivirent furent des mois d'inaction totale. Mois d'ennui, souvent, pour un hyperactif comme moi! Mois de réflexion aussi. Mois d'intériorisation surtout. Je me mis à méditer *Jean* 15, la comparaison de la vigne. Et puis le *Psaume* 127 qui me fit bien rire et me fit aussi bien réfléchir: «En vain tu travailles du matin jusqu'au soir et du soir jusqu'au matin... le Seigneur comble son bien-aimé qui dort!» (v. 2).

Ce que le Seigneur attend de moi, c'est que je porte du fruit, peu importe que je sois bourdonnant d'activités ou que je sois plongé dans l'inactivité la plus totale. La seule condition qu'il met à cette fécondité, c'est que je sois rattaché à lui comme la branche est rattachée à la vigne. Ici, on dirait: «Comme la branche est rattachée au pommier!»

Cela, je le savais pour les arbres fruitiers. Mais est-ce que je le savais réellement pour moi, prêtre? Dans un monde qui met tellement l'accent sur la performance, au point de se brûler l'être par des anabolisants ou par du surmenage? Dans ma propre vie, où j'avais toujours été très actif, je n'étais pas loin de penser que seule l'action productrice est féconde, et que les «improductifs» comme les malades, les aînés, les moines, les handicapés, les prisonniers ne peuvent porter de fruit.

Le Seigneur, au cœur de ma maladie, m'a rappelé que seules la qualité et la quantité de ma greffe au Christ me permettent de porter du fruit, que je sois actif ou inactif, productif ou non productif, compétitif ou non, performant ou non. Et j'ai appris que cette greffe au Christ s'obtient et se développe, entre autres, par la prière et la méditation de la Parole.

J'ai compris que le Seigneur ne m'appelait pas d'abord à la performance pastorale. Il m'appelait à la charité pastorale qui, elle, s'exerce tant dans la santé que dans la maladie, tant dans la force de l'âge que dans l'hiver de la vie.

> Jésus les envoya
> en mission...
>
> *Matthieu 10, 5*

1998. Je prends de l'âge et ma santé me commande de réajuster mon travail. À la suite de mon infarctus, il ne m'est plus possible d'aller ici et là pour annoncer la Parole de Dieu. Après quelques essais, je me rends vite compte que mon corps ne suit plus et que mon cœur ne supporte plus le rythme effréné d'autrefois. Alors je me dis: si je ne suis plus capable d'aller en personne ici et là, pourquoi ne m'y rendrais-je pas par le biais de l'inforoute? Le merveilleux monde des NTIC (nouvelles technologies d'information et de communication) dont j'ai entendu parler par-ci, par-là me fascine.

Après réflexion, consultation et prière, je décide de construire mon propre site sur le réseau Internet. Ainsi je poursuivrai, mais autrement, le ministère de la Parole et je continuerai la mission selon mes capacités. Je me mets au travail: au bout de quelques semaines, le site en question se retrouve sur le Réseau des réseaux. Je l'ai intitulé: «Allez... de par le monde!», en rappel de la parole de Jésus à ses disciples, juste avant de les quitter (*Marc* 16, 15). C'est un site d'évangélisation populaire. Depuis deux ans déjà, il fait son petit bonhomme de chemin sur la toile d'Internet. Voici, pour information, l'adresse de mon site Internet: http://www.ntic.qc.ca/~jbeaulac et mon adresse électronique: jbeaulac@ntic.qc.ca.

Marc Girard, dans son très beau livre *La mission de l'Église au tournant de l'an 2000* (Médiaspaul, 1998) ne manque pas de souligner que «le développement vertigineux du "cyberespace"... constitue une voie d'avenir pour la mission de l'Église.» Pour ma part, je m'aperçois qu'une sorte de «communauté chrétienne virtuelle» se crée grâce à l'interactivité entre les utilisateurs d'Internet. Les «courriels» qui me sont adressés par des internautes de tous âges et de tous azimuts religieux témoignent de cette communion de foi et de cette parenté évangélique qui nous unissent.

Je pense qu'il y a là certainement une chance pour la mission. Tous les prêtres ne peuvent se lancer dans la construction de leur propre site, c'est sûr. Déjà, toutefois, plusieurs diocèses, plusieurs conférences épiscopales, le Saint-Siège lui-même, sont branchés sur Internct. Ce qui est souhaitable toutefois, c'est que les sites «religieux» dépassent le stade de l'information, bien utile par ailleurs, et s'attaquent, avec audace et imagination, à l'étape proprement dite de l'évangélisation et de la mission au cœur du monde cybernétique.

> Une Église toute renouvelée pourrait surgir si l'humain se redécouvre membre d'un réseau et s'il contribue activement, par son lien avec les autres, à bâtir, à façonner, voire à «programmer» quelque chose d'une Église vivante que Dieu continue, certes, à donner gratuitement — tout spécialement à travers sa Parole et ses sacrements —, mais non sans que les humains mettent la main à la pâte... ou au clavier! Le Dieu qui parle n'a pas voulu être l'unique émetteur, ni que le peuple se contente d'être un récepteur passif. En ce sens, le fonctionnement interactif que l'Internet ne manquera pas de développer pourrait devenir, pour l'Église, un atout et une semence d'avenir, au tournant de l'an 2000.
>
> *Marc Girard*

«Aujourd'hui...»

Luc 4, 21

Pour certains, jeunes et moins jeunes, prêtres ou laïques, l'Église est «une vieille dame fatiguée qui n'a plus la force d'ouvrir certaines questions»: célibat et mariage des prêtres, sacerdoce des femmes, etc. Pour d'autres, au contraire, elle est celle qui, toujours jeune, ouvre précisément des questions: sauvegarde des droits de la personne, justice sociale, liberté individuelle et liberté collective, amour préférentiel des pauvres, nouvelles technologies, solidarité entre les peuples, dialogue interreligieux, etc. Pour tous, cependant, en ce qui regarde l'Église d'ici et d'aujourd'hui, la diminution du nombre de prêtres, le vieillissement de la majorité d'entre eux et l'usure des autres, sautent aux yeux et posent des questions vitales en termes de recrutement de nouveaux prêtres, de regroupements de paroisses et même de fermetures d'églises. Ce n'est pas ici le lieu pour «déplier» toutes ces questions et encore moins pour essayer de les résoudre.

Pour à peu près tout le monde, toutefois, le prêtre apparaît comme nécessaire dans l'annonce de la Parole, dans la célébration des sacrements et dans l'exercice de la charité pastorale. Mais son image change beaucoup. Elle n'est plus fixe comme avant Vatican II.

Ainsi, l'apparition de nombreux laïques, compétents, responsables et dynamiques, dans le paysage ecclésial et notamment pastoral a fait bouger considérablement l'image et les rôles traditionnels du prêtre. Ainsi, les jeunes prêtres, fruits de la Révolution tranquille et de Vatican II, méritent qu'on leur prête une oreille particulièrement attentive, car ils sont l'écho vivant du monde et de l'Église de notre temps. Ainsi, l'évolution de notre monde vers des professions de plus en plus spécialisées, tant dans le monde professionnel traditionnel (médecins, avocats, notaires, ingénieurs, etc.) que dans le monde des nouvelles technologies (informatique, génétique, biologie, écologie, etc.) a amené le prêtre à se spécialiser lui aussi: s'il y a encore, et pour longtemps, des généralistes, affectés le plus souvent à la paroisse, il y aura sans doute de plus en plus des «spécialistes» de la Parole et de l'évangélisation (parlée, écrite et informatisée), de la miséricorde et de l'attention aux petits, de la mission elle-même, etc. Ainsi, de même que les gens du monde changent de plus en plus de métiers au cours de leur vie, de même je pense que les prêtres seront de moins en moins figés dans un même travail pastoral pour toute leur vie... Ce souhait se heurte cependant à des résistances de taille: par exemple, le grand nombre de paroisses ne risque-t-il pas de paralyser ou, du moins, d'alourdir la tâche de ceux qui opteraient pour une nouvelle évangélisation?

Dans un monde en mouvement et dans une Église en mutation, le prêtre demeure un perpétuel apprenti. Et, s'il y a en lui des valeurs immuables, elles sont continuellement appelées à s'incarner ici et maintenant. Il apprend continuellement à être simultanément prêtre de Dieu et prêtre des gens d'aujourd'hui. Et c'est bien qu'il en soit ainsi. Il cherche sans cesse de nouveaux modes d'annonce de l'Évangile à ses contemporains et il s'efforce constamment de rendre les vérités du salut accessibles à tous et par tous les modes de communication d'aujourd'hui. Mais il sait également qu'il sera toujours appelé à le faire avec humilité, respect, discrétion et charité.

Une chose est sûre cependant: la prêtrise, exercée aujourd'hui ou hier ou demain, demeurera toujours une histoire d'amour avec Dieu et avec les gens. Cette histoire comporte, bien sûr, ses joies et ses souf-frances, ses succès et ses échecs, ses grandeurs et ses misères, ses sécurités et ses crises, ses louanges et ses critiques. Si cette histoire d'amour s'actualise et se développe dans le contact avec Dieu, notamment par la méditation de la Parole et par la prière, liturgique et personnelle, elle grandit tout autant dans le contact répété, pastoral et amical, avec les gens. Mais c'est toujours une histoire d'amour. Strictement et rigoureusement. Autrement, le prêtre risque de se muter en fonctionnaire et de ne plus accomplir que des *jobs*. Et alors, il n'est plus l'icône vivante de Dieu au milieu de son peuple.

Sûre également, cette autre vérité: le sacerdoce n'est jamais gagné d'avance. Même à soixante-six ans, je deviens prêtre tous les jours. Comme les amoureux qui se marient à tous les mois de mai.

Le prêtre est un mystère de Dieu communiqué aux humains comme l'un de ses plus beaux cadeaux et de ses plus grands secrets. Et les cadeaux et les secrets, nous le savons bien, ne se donnent et ne se révèlent qu'entre amoureux. Qu'il en soit ainsi pour nous tous aujourd'hui!

Une journée-type

7 h	Lever
7 h 30	Déjeuner
8 h	Réponse aux «courriels» de la veille
8 h 45	Eucharistie
9 h 30	Marche à l'extérieur
10 h	Office des lectures et prière du matin
10 h 30	Écriture
11 h 30	Dîner
13 h	Office du milieu du jour
13 h 15	Écriture
14 h 30	Visites: amis, parents, malades, etc.
17 h	Office de vêpres
17 h 30	Souper
19 h	Marche à l'extérieur
20 h	Lecture, télé, Internet, etc.
22 h	Office de complies
22 h 30	Coucher

Quelques statistiques

Année	Nombre de prêtres	Nombre d'habitants de langue française par prêtre
1660	25	100
1710	128	160
1759	196	350
1780	140	750
1830	225	1834
1850	620	1080
1880	2102	510
1910	2462	652
1930	4000	567
1960	8400	509
1970	8368	582
1981	7219	716
1987	6282	891
1993	5625	995
1998	4908	1150

Deux faits importants ressortent de ce tableau. Tout d'abord, que le siècle de croissance exponentielle du nombre de prêtres (de 1850 à 1960 environ) correspond à la période «faste» de l'Église catholique au Québec mais, considéré dans le long terme, représente plutôt une variation accidentelle qu'un état habituel. D'autre part, la proportion de francophones par prêtres est actuellement au même niveau qu'au début de cette période de croissance (1080 en 1850, 1150 en 1998), la différence se faisant plutôt sentir dans la moyenne d'âge des prêtres (on peut supposer qu'elle étai beaucoup plus basse en 1850 qu'aujourd'hui).

Sources: L.-E. HAMELIN, «Évolution numérique séculaire du clergé catholique dans le Québec», *Recherches sociographiques*, vol. II, n° 2, avril-juin 1961, p. 189-241; Élisabeth GERMAIN-BRODEUR, *Le clergé catholique au Canada: analyse sociographique*, Québec, Centre de recherches en sociologie religieuse, 1973; *Annuaires du Québec*; *Annuaires* de la Conférence des évêques catholiques du Canada (ces chiffres sont valables pour le Québec uniquement; les données sur l'ensemble du Canada sont trop partielles pour permettre une comparaison valable; de plus, les chiffres après 1960 ne sont pas aussi précis que ceux auparavant, mais indiquent un ordre de grandeur fiable).

Archevêque émérite de Sherbrooke, Monseigneur Jean-Marie Fortier est né à Québec en 1920. Après des études théologiques au Grand Séminaire de Québec et à l'Université Laval, il est ordonné prêtre le 16 juin 1944. Il occupe alors des fonctions de secrétaire, avant d'étudier l'histoire à l'Université de Louvain (Belgique, 1946-48), puis obtient une licence en histoire de l'Église de l'Université grégorienne à Rome (1948-50). De retour à Québec, il enseigne l'histoire de l'Église au Grand Séminaire (1950-60), où il est aussi directeur spirituel (1955-60). Ordonné évêque en 1961, il est d'abord évêque auxiliaire de Saint-Anne-de-la-Pocatière. En 1965, il devient évêque de Gaspé, puis archevêque de Sherbrooke en 1968. Il a été président de la Conférence des évêques catholiques du Canada (CECC) de 1973 à 1975, puis successivement vice-président et président de l'Assemblée des évêques du Québec (AÉQ) de 1982 à 1989. De 1967 à 1995, il été membre de plusieurs commissions et comités de la CECC. Il a remis sa démission comme évêque de Sherbrooke en 1996.

Tous mes souvenirs
sont des actions de grâce

Jean-Marie Fortier

Il peut paraître outrecuidant d'emprunter ces paroles d'Augustin et de les appliquer aux expériences vécues par l'homme que je suis et par le très humble chrétien que je suis devenu. Ce titre se veut uniquement un témoignage de reconnaissance envers Dieu, envers les hommes et les femmes à travers lesquels il m'a aimé.

Je suis né urbain. Mes ancêtres paternels étaient citadins de fraîche date lorsque je naquis. Mes grands-parents, Louis Fortier et Philomène Goulet, étaient originaires de la côte de Beaupré. L'aïeul était marin: il transportait des marchandises entre Tadoussac et Québec. Mes ancêtres maternels étaient venus de Normandie en Nouvelle-France. L'aïeul Jobin était carrossier de métier. La tradition familiale veut que mon arrière-grand-père ait travaillé à la fabrication du carrosse d'apparat destiné à monseigneur Alexandre Taschereau, devenu cardinal. Les Jobin appartenaient à la petite bourgeoisie; les Fortier, au monde ouvrier. Les Jobin avaient aménagé à la Haute-Ville; les Fortier habitaient toujours à la Basse-Ville avec tout ce que cette topographie pouvait signifier, à Québec, de distanciation sociale. J'en perçus très jeune les nuances sans que cette découverte ne me gênât.

Mon éveil à la foi, je le dois à mon père et à ma mère. Je vois encore mon père peser ses tranches de pain au début du Carême pour vérifier si elles n'excéderaient pas le poids réglementaire en temps de jeûne. Son équilibre lui permettait de respecter les lois ecclésiastiques sans se faire scrupule de les adapter aux circonstances.

Maman m'initia à la prière vocale. Noël était la grande fête liturgique de l'année. La crèche, d'abord centrée autour de Jésus, Marie et Joseph, s'enrichit au fil des ans des bergers, des Rois et des anges. Dans les années 1920, le Père Noël fit son apparition à Québec; avant son arrivée chez les magasins Paquet, seuls dignes de l'accueillir, il lui fallait quitter le Pôle Nord et franchir les steppes glacées si souvent traîtresses. Tous les jours, grâce à ses billets publiés dans les journaux, nous pouvions suivre les péripéties du vénérable vieillard. Maintes fois, il se recommandait à nos prières. J'étais un jour dans un tramway avec ma mère quand je lui rappelai qu'il ne fallait absolument pas oublier, à la prière du soir, le Père Noël qui vivait des heures difficiles. Maman me le promit. Je vis néanmoins des adultes sourire autour de moi. Je fus étonné de leur attitude qui n'ébranla pas ma foi dans ce sympathique vieillard, qui n'était somme toute que le délégué de l'Enfant Jésus.

Tous les 31 décembre, messe à six heures du matin à laquelle participait toute la famille pour remercier Dieu des grâces reçues l'année écoulée. Pratique à laquelle je suis demeuré fidèle.

Ma grand-mère, Philomène Goulet Fortier, eut une part prépondérante dans ma toute première éducation chrétienne. Je la vois encore. Toute vêtue de noir, elle aimait se bercer dans une encoignure de la cuisine, près du poêle à bois si doux à entendre ronronner l'hiver. Elle me prenait sur ses genoux. Trois livres la guidaient dans sa tâche d'éducatrice; une Bible illustrée par Gustave Doré, le Grand Catéchisme en images et une Vie des Saints pour chaque jour de l'année. Je ne me lassais pas d'écouter les commentaires de mère-grand et d'admirer les images de la sortie de l'arche de Noé, de la reine de Saba gravissant, en grand attirail, l'escalier d'honneur conduisant à Salomon, de l'adoration des bergers, de la Pentecôte... Je n'ai pas oublié l'image de l'enfer dans le Grand Catéchisme avec son inexorable horloge scandant «Toujours!», «Jamais!», avec ses cohortes de diables cornus harcelant de pauvres damnés gobés par un feu éternellement cruel. Je ne suis jamais sorti de cette vision l'âme angoissée, tant grand-mère Philomène était sereine. Comment oublierais-je la prière du soir présidée par tante Maria? Peut-être l'ai-je trouvée trop longue parfois... Le vieillard que je suis commence toujours son oraison matinale par ces mots: «Mettons-nous en la présence de Dieu et adorons-le.» Il y va du sens de la transcendance divine qui sait s'adapter à la familiarité filiale. Thérèse d'Avila disait à ses sœurs: «Ce n'est pas parce que Dieu est bon que nous devons être envers lui rustiques.»

À la fin de sa vie, mon père aimait me répéter: «Jean-Marie, tu es né sous une bonne étoile!» Au terme de cette vie, j'ai la naïveté d'y croire encore. Cette bonne étoile se présente à moi sous une infinité de facettes; elle porte plusieurs noms.

En premier lieu, ce sont ceux de mon père et de ma mère: Joseph Fortier et Alberta Jobin. Ils étaient très différents l'un de l'autre. Mon père fut un homme peu loquace, amant du silence, de la quiétude: il supportait mal à table les discussions, même fraternelles. Ma mère était vive, spontanée, d'une délicatesse extrême, soucieuse de ne pas blesser qui que ce soit. Devenue orpheline très jeune, il lui manquera le sens de l'humour, alors que nous tenons tous de papa le goût de la taquinerie.

Cette réserve faite, leur couple vécut profondément uni pendant cinquante et une années. Ma sœur, mes frères et moi-même pouvons témoigner que jamais une brouille ne vint assombrir leur amour. Jamais, nous n'entendîmes des paroles acerbes à l'endroit de l'un et de l'autre. L'amour de leur jeunesse, né à l'occasion d'une partie de tire à la cabane à sucre, ne connut pas d'éclipse: il a gardé sa fraîcheur jusqu'à leur vieillesse.

Leurs ressources financières ne leur permirent pas l'achat d'une maison de campagne. Tous les étés cependant, nous passions les vacances soit chez des cultivateurs, soit dans un chalet loué afin de nous permettre de vivre librement dans la nature. Nous ne soupçonnions pas les sacrifices que nos parents s'imposaient pour nous. Maman, citadine jusqu'à la moelle, n'aima jamais la campagne. Notre père, avare de vacances, retournait au travail tous les jours pour revenir en autobus ou en train. Avec quelle joie nous guettions son retour! Il descendait à la gare minuscule de Rivière-aux-Chiens. J'aperçois encore son canotier flottant au-dessus d'un champ de tournesols qu'il devait traverser pour arriver à la maison.

Le monde scolaire s'ouvrit à moi par l'entrée à la maternelle que nous appelions alors jardin d'enfance. Monde qui m'aurait été facile n'eût été une écharde qui avait nom «mathématiques». Depuis le boulier-compteur de la maternelle jusqu'aux nobles sciences de l'algèbre et de la trigonométrie, je n'ai jamais réussi à assimiler les mathématiques.

Grâce à la compétition du milieu famille, paroisse, école, mon éducation fut d'une seule volée. Notre initiation sacramentelle ne connut pas la rigueur du cadre actuel; y suppléait l'osmose parfaite entre les trois paliers de notre éducation.

Deux mouvements ont marqué mon adolescence et ma jeunesse: la *Jeunesse étudiante catholique* (JÉC) et les *Conférences Saint-Vincent-de-Paul*. La JÉC força l'adolescent timide que j'étais à sortir de son cocon pour assumer des responsabilités dans son milieu. C'est à elle que je suis redevable d'avoir découvert la Bible et de faire des évangiles ma nourriture régulière. Vivant dans une société de relative aisance, j'avais tout ignoré de la crise économique de 1929 si ce n'est les files des soupes populaires chez les Sœurs de la Charité de Québec. La conférence Saint-Vincent-de-Paul du Séminaire de Québec à laquelle je m'inscrivis m'ouvrit les yeux et le cœur à la pauvreté, et me sensibilisa à la justice sociale.

Dans le choix de ma carrière, je ne connus nulle contrainte. Deux voies s'ouvraient à moi entre lesquelles je balançai: le droit et la prêtrise. Une certaine facilité de parole, de même qu'un intérêt pour la politique à laquelle cette profession conduisait alors, auraient dû m'orienter vers le droit. J'optai cependant pour la prêtrise où mon désir de servir s'épanouirait davantage. Serai-je prêtre diocésain? Serai-je prêtre missionnaire chez les Pères Blancs? Des impondérables ont joué dans le oui à la première question sans que j'aie renié la seconde.

Le Grand Séminaire de Québec, à l'instar des autres institutions similaires, nous imposait les mêmes exigences: sorties dans nos familles une fois par mois, port de la soutane même pour les sports, silence absolu dans les corridors... L'esprit qui sous-tendait ces lois et la souplesse avec laquelle elles nous étaient imposées ne me firent jamais sentir leur joug. Au bout de quatre ans, l'appel de l'évêque me fut transmis. Je répondis: «Oui.»

Dans l'après-midi qui suivit mon ordination, le 16 juin 1944, mon père me dit: «Jean-Marie, nous sommes tous ici dans la joie. La famille de l'un de nos cousins, les Côté, est dans la tristesse: leur aîné Rodolphe est conscrit, il part pour la guerre. Pourquoi n'irions-nous pas leur rendre visite?» Le bonheur causé à ces proches fut la première fleur de ma prêtrise. Rodolphe et moi sommes alors devenus deux frères.

Ordonnés au terme d'une 4e année d'étude, les séminaristes revenaient à l'automne pour parachever leur formation. Vint, à la fin, le moment angoissant de la première nomination. L'archevêque de Québec, le cardinal Villeneuve, avait pris l'habitude de recevoir un à un les finissants afin de sonder leurs goûts sur leur orientation future. Mon tour venu, je lui confiai mon désir de devenir professeur au Petit Séminaire de Québec. Ce goût me semblait d'autant plus raisonnable que le préfet des études m'avait exprimé son vœu de m'avoir comme collaborateur. L'évêque me désigna à titre de secrétaire adjoint et cela dès le mois de juillet suivant. À la sortie de l'audience, mes confrères devinèrent ma déception à ma mine déconfite. Néanmoins, je commençai ma tâche: mettre à jour l'adressographe et classer les livres de la bibliothèque de l'œuvre. Heureux temps pour les évêques qui pouvaient compter sur un clergé nombreux!

L'été n'était pas terminé que le cardinal me manda de nouveau à son bureau. Il me demandait si je n'accepterais pas d'aller rendre service à un évêque nord-ontarien à titre de secrétaire particulier et de vicaire à la cathédrale. J'acceptai avec joie de troquer l'adressographe pour le clergyman ontarien.

Je revins à Québec une année après. À la suite de circonstances imprévues, le Séminaire de Québec requérait mes services comme professeur d'histoire de l'Église au Grand Séminaire. J'allai me préparer à cette nouvelle tâche par quatre années d'études à Louvain et à l'Université grégorienne de Rome. Ces deux expériences me marquèrent. Le secrétariat auprès d'un évêque me fit toucher du doigt les délicates relations qu'un évêque doit établir et entretenir avec son clergé. L'étude et l'enseignement de l'histoire de l'Église me permirent de relativiser beaucoup d'absolus.

Coup de tonnerre dans le ciel lumineux de cc 11 novcmbre 1960! Monseigneur Charles-Omer Parent, auxiliaire à Québec, me donnait rendez-vous dans son bureau à quatorze heures. Cet ancien professeur, avec sa rondeur coutumière, me tend une enveloppe qu'il me prie d'ouvrir sur-le-champ. Celle-ci m'annonçait que le pape Jean XXIII m'offrait l'épiscopat à titre d'auxiliaire de monseigneur Bruno Desrochers, évêque de La Pocatière. «Que dois-je faire? demandai-je. — Vous avez une bonne santé? réplique mon interlocuteur. — Excellente. — Alors, on dit: oui.» Séance tenante, monseigneur m'indique un bureau, m'offre du papier et de l'encre. J'écris au pape pour lui signifier mon acceptation.

L'auxiliariat à La Pocatière fut un excellent noviciat. Monseigneur Bruno Desrochers, fragile de santé, me confia toute l'animation pastorale du diocèse, se réservant les nominations aux cures.

Il faut décrire la visite pastorale de l'évêque dans une paroisse en cette période de 1961 à 1965. C'est hier pour le vieil homme que je suis; c'est il y a un siècle pour les générations de trente ou de quarante ans. Le marguillier m'attend à un mille du village dans sa voiture astiquée. Je m'y engouffre, drapé dans ma cape de laine violette, lisérée d'or. Ganté de violet, je suis coiffé de mon chapeau de soie noire, bordé d'un codon vert et or, orné d'un gland du même ton qui pend sur la gauche. Je m'assieds sur la banquette arrière, à la droite, isolé et plus à l'aise pour bénir le peuple agenouillé sur mon passage. Arrivé au presbytère, j'entre par la porte de l'évêque qui, par tradition, ne s'ouvre que pour lui. Je revêts la soutane violette, le rochet de dentelles dont les arabesques se détachent si bien sur cette chaude couleur et, enfin, la *cappa magna*. Pour gagner l'église, je me glisse sous le dais que les marguilliers portent avec dignité.

Si on envisage la visite pastorale plus en profondeur, celle-ci offre une excellente occasion à l'évêque de s'approcher de son peuple par les célébrations liturgiques, les visites aux malades et dans les écoles. Le bureau de fabrique se réunit, mais il est alors impensable que les femmes en fassent partie. Tout aussi inimaginable que les laïques, femmes et hommes, rencontrent l'évêque dans le cadre d'un conseil paroissial de pastorale.

Le concile Vatican II survint. Avant que ne commencent ses assises, nous, évêques auxiliaires, avons reçu de Rome une lettre qui nous invitait à demeurer sur place. C'est pourquoi je ne pris part qu'à la deuxième et à la quatrième session. Monseigneur Bruno Desrochers, soucieux de me faire participer à cette expérience unique, désira que je prenne part à la deuxième session. Étant devenu entre-temps évêque de Gaspé, j'assistai de plein droit à la dernière.

Ma participation au concile fut des plus humbles et des plus effacées. Vatican II me fut plus profitable que je ne le fus à son endroit. La présence de Jean XXIII, puis de Paul VI, la communion visiblement vécue avec les évêques de toutes tendances et de tous horizons, l'importance des thèmes étudiés, la qualité des discussions qui s'engageaient autour d'eux, offrirent aux Pères conciliaires un approfondissement de leur foi et l'occasion d'un aggiornamento nécessaire. La mouvance de l'Esprit Saint y était palpable. La parole des Actes prenait tout son sens: «L'Esprit Saint et nous-mêmes avons décidé...»

Il convient aussi de souligner les travaux sérieux auxquels voulurent s'astreindre les Pères en dehors de l'*aula*. De grands théologiens, mis à l'écart auparavant, furent pour nous des lumières placées haut sur le lampadaire. En mémoire reconnaissante, je mentionne les Congar, de Lubac, Chenu, Küng.

Mon ministère épiscopal, relativement bref, à La Pocatière et à Gaspé et mes absences prolongées à Rome ne m'avaient pas sensibilisé à l'évolution radicale dans laquelle la société et l'Église étaient engagées au Québec. Mon ministère auprès de l'Église de Sherbrooke et ma participation aux réunions regroupant les diocèses autour de Montréal me la révélaient crûment.

Je connus l'épreuve des départs de soixante prêtres diocésains, échelonnés sur un espace de cinq ans environ. Je m'en inquiétai. Ces départs étaient-ils dus à mon style décontracté? Acceptais-je avec trop de facilité d'entamer les procédures de laïcisation? Le vicaire général d'alors, à qui je m'en étais ouvert dans mon angoisse, pacifia ma conscience. Je demeurai en contacts fraternels avec la plupart de ces confrères. La plupart d'entre eux auraient réassumé des tâches pastorales avec compétence et joie, sans étonnement chez les fidèles, si j'avais eu le loisir de les y inviter.

Avant la visite du pape au Canada en 1984, les évêques du Québec estimaient le taux de pratique dominicale de nos fidèles à 30 % pour l'ensemble de la province. Nous parlions d'une Église en état d'exil. Quand je quittai le diocèse de Sherbrooke en juillet 1996, le taux était entre 10 et 15 %. La moyenne d'âge des pratiquants ne cesse d'augmenter. Les fidèles de quarante ans et moins forment, dans nos assemblées dominicales, une minorité facilement repérable.

Les vocations à la prêtrise et à la vie religieuse se ressentent de ce climat d'une foi chrétienne qui s'est paisiblement étiolée et qui n'informe plus la vie. Un seul exemple suffit et il est éloquent. Le Grand Séminaire de Québec, de concert avec la faculté de théologie de l'Université Laval, assume présentement la formation de vingt-cinq séminaristes parvenant de huit diocèses du Québec. Les statistiques ne révèlent pas tout de la vie d'une Église; il faut les examiner avec prudence. Mais... elles sont là.

Je serais infidèle à la commande que Novalis m'a faite si, au terme de la présentation de l'homme, du chrétien, de l'évêque que je suis, je ne communiquais aux lecteurs et lectrices le fruit d'une longue réflexion sur l'état actuel de l'Église du Québec. Je n'ai pas voulu que la retraite me coupe du ministère pastoral qui fut et demeure la raison de ma vie. C'est pourquoi j'ai tenu à m'engager sur les terrains de la paroisse et accepté l'animation de retraites aux prêtres et aux laïques. De l'observatoire de mes quatre-vingts ans et de mes trente-neuf années d'épiscopat, je me sens habilité à proposer quelques idées sur les causes de la faiblesse, apparente tout au moins, de l'Église au Québec, sur les pousses neuves identifiables, sur le prix à payer pour une renaissance qui sera longue dans sa germination.

Causes de la faiblesse de l'Église du Québec

Il faut cesser de considérer la Révolution tranquille des années 1960 comme la cause des malheurs de l'Église au Québec. La Révolution tranquille est elle-même le fruit d'une révolution sociale dont les racines remontent au siècle dernier. Notre société est passée d'une culture rurale idéalisée, présentée souvent comme seule gardienne de nos valeurs chrétiennes, à une culture urbaine, industrielle, redoutée et boudée. «Au pays du Québec, rien n'a changé.» Cette maxime du vieux Chapdelaine n'est plus vraie. Nous sommes loin du gramophone à aiguille autour duquel nous nous groupions pour nous extasier à la voix de Galli Gurci, pour rigoler aux facéties du Père Ladébauche. La radio, la télévision, l'Internet ont aboli toutes les frontières, tous les tabous; les médias ont rendu inefficace tout interdit.

Sans porter un jugement sur la sincérité des personnes, il faut admettre des causes à l'intérieur de l'Église elle-même. L'autoritarisme, le rigorisme moral de son clergé sont du passé. Cependant, la tradition orale a rejoint les jeunes générations, surtout dans le secteur de la morale conjugale dont la femme a payé la note. Intervient ici la longue obstruction de l'épiscopat au droit de vote des femmes. L'encyclique *Humane Vitae*, la droiture et la bonne volonté de Paul VI étant sauves, eut un lancement intempestif, en plein été, sans que les évêques aient en main le texte pour l'analyser et le commenter. Ce document a éloigné de l'Église de nombreux chrétiens sincères, désireux de lui rester fidèles.

Pousses neuves

Les pierres d'assise d'un nouveau style d'Église sont déjà en place. «Ne les voyez-vous pas?» nous demande encore le prophète. Parmi celles-ci, je retiens la fraternité, la solidarité, la clairvoyance des évêques québécois, leur volonté de servir leur peuple au terme de consultations régulières, grâce aux divers conseils diocésains ou événements exceptionnels tels que les synodes et les forums. Mon ami, le regretté Bernard Hubert, alors président de l'Assemblée des évêques du Québec, exprima au pape Jean-Paul II, lors d'une visite *ad limina*, la douleur des évêques du Québec de se sentir tiraillés entre leur solidarité avec Pierre et leur solidarité avec leurs fidèles.

Mes contacts assidus et fréquents avec le clergé me révèlent sans cesse chez ces confrères des pasteurs à qui le courage, le zèle, le sens ecclésial permettent de rivaliser avec les prêtres d'une autre époque, s'ils ne les dépassent pas. La solitude — j'ai encore dans l'oreille et surtout dans le cœur le cri que lança un prêtre lors d'une session d'études: «Je suis tanné de parler avec mon micro-ondes» — et le vieillissement sans relève pèsent lourd sur le prêtre québécois. Lui offrons-nous une main secourable? Lui manifestons-nous un cœur ouvert?

Parmi ces pousses d'espérance, les agents et agentes de pastorale dont le baptême, et non je ne sais quelque suppléance concédée de force, fait des collaborateurs et collaboratrices indispensables, même si les vocations à la prêtrise devaient reprendre leur rythme d'antan.

Des mouvements spirituels ont surgi et d'autres naissent encore qui regroupent des fidèles soucieux de s'alimenter aux Écritures et de faire rayonner leur foi dans les milieux les plus divers. Je terminais la visite pastorale dans une paroisse quand le responsable d'un groupe de prière est venu m'inviter à m'associer aux membres le soir même. La réunion se tint dans une maison-roulotte très humble. On fit la lecture d'un passage de l'Évangile sur le pardon envers le prochain. Je partis le soir émerveillé par ce que l'Esprit avait suggéré à ces chrétiens très humbles. Il devait en être ainsi dans la maison de Jean-Marc quand les premiers chrétiens évoquaient tel geste, telle parole de Jésus.

Tous les évêques pourraient évoquer, à la fin de leurs lettres, les salutations de Paul: «Aquilas et Priscilla et l'Église qui se réunit chez eux... Épaphrodite, mon frère, mon compagnon de travail et de combat... Phébée, diaconesse de l'Église de Cenchrées...»

Les conditions d'une renaissance

Remise en valeur de Vatican II et de son ecclésiologie

Gustave Martelet publia en 1995 les conférences qu'il avait données à des étudiants de Paris sous le titre: «N'oublions pas Vatican II. Ne nous scandalisons pas à l'emploi du verbe "oublier".» Est-il si sûr que nous ne l'avons pas mis en veilleuse? Est-il certain que nous avons lu, relu et assimilé ses textes et, en particulier, celui sur la nature de l'Église que Paul VI qualifia de fondamental:

> Chaque serviteur de l'Évangile peut remercier le Saint-Esprit de lui avoir fait don du concile et devrait ne jamais oublier tout ce qu'il lui doit. Bien des années et même des générations passe-ront avant que la dette soit éteinte. (Jean-Paul II, *Entrez dans l'espérance*, Paris, Plon/Mame, 1994, p. 245).

Il est réconfortant d'entendre le pape s'exprimer ainsi alors que l'on constate, dans certains milieux, une volonté frileuse à vouloir restreindre le sens et la portée du concile.

Avons-nous une juste notion de l'Église locale? Il faut lire les ouvrages du grand ecclésiologue Tillard auquel on doit se référer avec la même confiance que naguère aux Congar et de Lubac.

L'idéal de l'Église locale demeurera l'Église de Jérusalem: à peine née au Cénacle, elle est déjà évangélisatrice. L'Église de Jérusalem a connu l'une des crises les plus décisives. Se replierait-elle sur elle-même pour devenir une secte juive sans avenir? Ou s'ouvrirait-elle au monde païen pour devenir universelle? Elle a su la surmonter dans l'amour, après le dialogue viril entre Pierre et Paul, le premier s'illustrant par son humilité, le second par son courage.

Ignace d'Antioche fut l'apologiste de l'Église locale dans ses lettres à ces Églises qui l'accueillaient le long de sa route vers le martyre. Avant d'être accueilli par elle, l'évêque écrivit à l'Église de Rome avec une note particulière de tendresse, comme à la «présidente de la charité». L'Église locale est le centre; autour d'elle peuvent graviter des structures provinciales, nationales, même conciliaires, pour l'encourager, la soutenir, pour veiller à l'unité de l'ensemble sans jamais imposer une uniformité qui appauvrirait et gênerait l'action de l'Esprit.

> Un diocèse est une portion du peuple de Dieu, confiée à un Évêque pour qu'avec l'aide de son presbyterium il en soit pasteur: ainsi le diocèse lié à son pasteur et par lui rassemblé dans le Saint-Esprit grâce à l'Évangile et à l'Eucharistie, constitue une Église particulière en laquelle est vraiment présente et agissante l'Église du Christ, une sainte, catholique et apostolique. (*Christus Dominus*, n° 11)

La prière

Je me permets de citer, en exergue à cette section, un texte de Georges Leclercq tiré de son livre *Le credo toujours repensé, toujours actuel* (p. 171-172).

> Une tentation plus subtile que la politique peut entraîner à des erreurs de stratégie en période de déchristianisation: celle de vouloir imposer une morale, et plus spécialement une discipline sexuelle et familiale à des gens pour qui le Christ n'est rien ou n'a jamais été qu'une vague idée ou un souvenir historique plus ou moins émouvant... c'est encore une recherche d'efficacité en dehors de la voie tracée par l'Évangile. Pour qui a rencontré le Christ et le rejoint chaque jour dans une prière vivante, les

exigences de la morale prennent un sens qui échappe à ceux qui n'ont pas fait ou ne font plus cette expérience.

«Rejoindre le Christ chaque jour dans une prière vivante» est un *must* dont nul engagement social, nulle tâche pastorale ne peuvent dispenser.

Laïques, prêtres, évêques, nous aurions intérêt à relire, au début de chaque année liturgique, la *Présentation générale de la Liturgie des Heures* offerte au début du premier tome du bréviaire. Il vaudrait la peine d'en publier un tiré-à-part à l'intention de ceux et celles qui ne sont pas liés au bréviaire par obligation. Déjà, ce mot «obligation» est gênant...

D'où vient la désaffection des fidèles envers la messe dominicale? Les causes générales évoquées plus haut jouent ici à plein. On peut encore ajouter l'ouverture des commerces le dimanche, les devoirs des parents d'accompagner leurs enfants à des exercices sportifs ou à des leçons de danse. La réforme liturgique elle-même y a sa part à cause de son caractère trop intellectuel. On vient de publier un livre sur l'intelligence de la liturgie. Elle s'est voulue intelligente et elle y a réussi. Est-elle toujours intelligible? J'admets le bien fondé du principe de la lecture continue des Écritures, mais, faute de formation biblique, notre peuple ne comprend pas la Parole de Dieu qui lui est proposée. Proclamée en latin, elle ne dérangeait personne; proclamée en français, elle devient frustrante et suscite des questions auxquelles on ne répond pas. On dira: il revient au président de rendre intelligible la Parole. Défi de taille que d'avoir à commenter deux ou trois lectures dans un espace de temps réduit.

La messe doit être célébrée dans un climat d'amour. Aimer la présidence elle-même et aimer le peuple qui est là, rare ou nombreux, de quelque horizon qu'il soit. Cet amour se manifeste avant la célébration elle-même par un accueil chaleureux réalisé soit par le président lui-même — la meilleure formule —, soit par des fidèles qui font plus que de distribuer le *Prions en Église* ou le feuillet paroissial. «Jésus, sachant que son heure était venue [...] lui qui avait aimé les siens [...] les aima jusqu'à l'extrême. Au cours d'un repas...» L'accueil permet au président de glaner dans les cœurs telles ou telles intentions, il les porte à l'autel, peut les communiquer à l'assemblée, la confidentialité étant respectée.

Un monde de prière auquel il faut apporter une vive attention est celui de la piété populaire. Celle-ci rejoint encore des milliers de chrétiens de tous âges que la liturgie n'a pas su retenir. Elle exprime une soif spirituelle auquel on aurait grand tort de ne pas répondre. Les lieux de pèlerinage attirent encore les foules. En témoignent Sainte-Anne-de-Beaupré, l'Oratoire Saint-Joseph, Notre-Dame-du-Cap et nombre de sanctuaires locaux.

L'amour inconditionnel envers le prochain

Sur ce sujet, Vatican II nous interroge vivement:

> C'est pourquoi, dans cette genèse de l'athéisme [contemporain], les croyants peuvent avoir une part qui n'est pas mince, dans la mesure où, par la négligence dans l'éducation de leur foi, par des présentations trompeuses de la doctrine et aussi par des défaillances de leur vie religieuse, morale et sociale, on peut dire d'eux qu'ils voilent l'authentique visage de Dieu et de la religion plus qu'ils ne le révèlent. (*Gaudium et Spes*, n° 19)

Un obscur philosophe du XVIIIe siècle écrivit: «Il y a des êtres à travers lesquels Dieu m'a aimé.» Jean-Paul II, Teresa de Calcutta, Jean Vanier sont de cette trempe-là. Parmi les fioretti de Teresa de Calcutta, celui-ci. Elle circule dans les quartiers défavorisés de Londres. Affalé sur un trottoir, un «robineux» hirsute, malodorant. Teresa se penche vers lui et lui dit, le sourire aux lèvres: «Bonjour, Monsieur!» L'homme se soulève et répond: «Madame, ça fait trente ans que l'on ne m'a pas appelé "Monsieur"!»

Dans un climat d'amour qui veut se faire proche, nous avons connu au Québec une institution qui soude le peuple à son clergé: la visite paroissiale du curé. Elle tomba en désuétude peu à peu sans que nous nous en inquiétions comme nous aurions dû.

Je suis assez lucide pour identifier les causes de sa disparition: la raréfaction du clergé, le regroupement et la fusion des paroisses, les couples chassés de leur foyer par un travail extérieur, l'accessibilité limitée des conciergeries.

Nous ne rejoignons plus les fidèles dans nos églises désertées. Ne pourrions-nous pas aller vers eux, s'ils ne viennent plus à nous? La visite paroissiale doit faire peau neuve. On y a pensé déjà par les rencontres à domicile à l'occasion de l'initiation aux sacrements et de la préparation au mariage. Cette visite s'étalerait sur une période plus longue qu'une année. Les laïques, les jeunes retraités entre autres, y trouveraient une excellente occasion d'évangélisation.

En rédigeant ces paragraphes, je découvris dans une pile de revues disparates, l'une d'elles intitulée: *The Parish Visitor, Catholic Lay Evangelizers*, Bronx, New York. J'ai perçu un clin d'œil de Dieu dans cette trouvaille. Ce numéro relate des expériences de laïques, hommes et femmes, engagés dans ce service. Dans ce village du Bronx, ils vont, deux par deux, de porte en porte, annoncer Jésus Christ dans le plus grand respect de la liberté de leurs hôtes. Ils s'émerveillent de l'accueil reçu, constatent la soif spirituelle de ces gens et raniment chez plusieurs «la mèche qui fume encore».

«Le Seigneur en désigna soixante-douze et les envoya deux par deux en avant de lui.» Je confie à l'Esprit Saint la visite paroissiale, cette humble graine, qu'il la fasse grandir; que, sous le soleil, elle devienne un grand arbre à l'ombre duquel les oiseaux viendront chercher repos, lumière et paix.

Avec cette parabole, je termine mon témoignage. Quel arbre produira-t-il? Je n'en sais rien. Dussé-je l'ignorer toujours, je ne m'en attristerai pas. Je rejoindrai alors cet évêque anonyme du IVe siècle dont l'homélie sur les dons de l'Esprit me nourrit encore.

Dieu qui as donné ton Fils au monde
comme prêtre de ton Alliance
avec l'humanité
pour la sanctifier et l'offrir à ta gloire,
accorde à (ceux) qu'il a choisis
comme serviteurs et intendants
de tes mystères
de travailler fidèlement
à la construction de son corps.

Oraison de la messe rituelle
pour les ordinations

Né à L'Islet en 1943, Denis Gagnon entre chez les Dominicains en 1965. Il reçoit l'ordination presbytérale le 13 mai 1972. De 1973 à 1980, il est vicaire à la paroisse Sainte-Catherine-de-Sienne de Trois-Rivières-Ouest. En 1980, il devient responsable du noviciat au Couvent Saint-Dominique de Québec. Après une année sabbatique à Paris, il est élu prieur du couvent de Québec en 1990. En 1993, il devient professeur à l'Institut de pastorale des Dominicains à Montréal.

Au cours de ces années, il écrit beaucoup. Il fait notamment partie de l'équipe permanente de la revue Vie liturgique durant un certain temps; il a fondé et dirige toujours la revue Célébrer les Heures. Il s'intéresse aux médias et anime une émission hebdomadaire à Radio Ville-Marie depuis 1996. Il prêche de nombreuses retraites, surtout aux prêtres. Durant son séjour à Québec, il a participé à la fondation et au développement de la Corporation du patrimoine et du tourisme religieux de Québec.

En pleine mer!

Denis Gagnon, o.p.

Prêtre! Et ça dure depuis près de trente ans! Que d'eau a coulé sous les ponts depuis ce matin de printemps... J'ai mené ma barque sur bien des rivières. On m'a vu accoster dans beaucoup de ports. J'aurais pu, comme bien des confrères, adopter un champ d'activités et m'y enraciner. J'ai préféré la vie nomade. J'aime les ports parce qu'ils s'ouvrent sur la mer. J'aime la mer parce qu'elle me conduit ailleurs.

Instabilité? Incapacité de demeurer en place? Superficialité? Manque de maturité? Je ne sais pas. Je ne crois pas. Les phares qui jalonnent les côtes des océans et des fleuves guident ma croisière. Je les regarde comme autant d'appels, autant de vocations, pour des missions diverses. Dieu me veut sans doute en route, comme son peuple!

Suis-je un prêtre heureux? La question me taraude depuis que j'ai accepté de participer à la rédaction de ce livre. Comment savoir que ce que je vis s'appelle bonheur? S'il faut une bonne dose d'euphorie pour être heureux, alors je ne le suis pas. Mon bonheur n'a rien des traits d'un capitaine au gouvernail de son Titanic triomphant. Je n'ai pas le bonheur tonitruant ni prospère ni sûr de lui-même! C'est aux cordages du grand mât qu'il s'agrippe, petit moussaillon malingre, faible, pas très rougeaud. Il toussote à la moindre rafale. Il gémit quand le froid est cinglant. Il tremble quand les vagues se soulèvent.

Je l'aime, mon bonheur fragile. Je m'y suis attaché comme les parents s'attachent à un enfant malade. Je veux qu'il vive, qu'il prenne du mieux, qu'il surmonte les obstacles, qu'il ait la fragilité confortable. Je pense que si j'avais eu un bonheur florissant, il aurait déjà quitté ma barque, comme les enfants gâtés claquent la porte à la moindre rebuffade! C'est parce qu'il est faible et que je dois m'occuper de lui que nous sommes liés l'un à l'autre, que nous tenons l'un à l'autre. Inséparables. Un feu ne dure que parce qu'il est entretenu. C'est parce que je l'entretiens que mon bonheur demeure en vie.

Dans les cordages

Mon bonheur se tient dans les cordages. Le pont ne lui suffit pas, encore moins la cale! Mon bonheur veut voir au loin. L'horizon l'attire. J'ai le bonheur en forme de désir. «Comme une terre aride, altérée, sans eau» (*Psaume* 63, 2). Le moussaillon cherche constamment. Il scrute la mer en quête d'îles inconnues, de rivages nouveaux. Partout, je rencontre des sources. Partout, je croise des puits. J'aboutis souvent au pied de belles chutes. Je bois, mais ma soif n'est jamais complètement étanchée. Je repars, en quête d'un ailleurs plus tonifiant. J'ai hâte que mon bonheur crie: «Terre!» J'ai hâte d'accoster là où coulent le lait et le miel (*cf. Exode* 3, 8).

Ce paradis existe-t-il? J'y crois. On peut me taxer de naïveté, mais j'y crois. Je sais très bien que la plupart des oasis où j'amarre mon bateau ne sont que des tremplins. Elles me relancent ailleurs. Le paradis est un don. Dieu le donne en pièces détachées. Petit à petit, au long de la vie, nous le montons en reliant les paradis partiels, minuscules et trop souvent fugaces qui jalonnent notre itinéraire.

Ce jeu de construction me fabrique une espérance. Je voudrais celle-ci aussi forte que le paradis paraît inaccessible. Mais elle reste elle-même à construire, comme mon bonheur. Vigilance, constante vigilance, comme auprès d'un malade aux soins intensifs. Les évangiles font dire souvent à Jésus: «Veillez!» J'ai toujours été fasciné par l'insistance du Christ. C'est le gage de la vitalité de nos bonheurs quand ils prennent la forme de l'espérance.

Au fond, il n'y a qu'une source qui pourrait me satisfaire totalement: Dieu! Celui qui ne s'adore qu'en esprit et en vérité, selon une parole entendue près d'un puits. (*cf. Jean* 4, 23)! Le grand inconnu! Le mystère! Je n'ai jamais pu deviner ses traits. Les représentations en barbe blanche m'agacent. Même le Créateur de Michel-Ange, dans sa fresque de la création de l'homme! Je comprends très bien — et j'approuve — la tradition biblique d'avoir résisté à représenter Dieu. L'image fabrique des idoles. Elle limite et délimite. Elle définit au sens fort du terme, c'est-à-dire qu'elle trace des frontières. Donc, elle exprime Dieu lourdement. À peine le laisse-t-elle soupçonner.

Une vie en forme de parole

À l'image, je préfère la parole. La parole est fille de la liberté. Elle dit et s'échappe. Elle évoque tout en ne se laissant pas attraper. Comme le poisson quand il est malin! La parole s'infiltre dans l'esprit et lui fournit de quoi poursuivre son travail de création. Un mot en cache plusieurs. L'ouvrir, c'est pénétrer dans mille mots. Le langage, sans doute pour une part parce qu'il est musical, éveille des paysages. Il permet d'en créer de nouveaux. La parole est sans doute le moins mauvais moyen pour dire Dieu et le laisser se dire.

Parcourez la longue tradition judéo-chrétienne. Tout y prend la forme de la parole. «Au commencement... Dieu dit» (*Genèse* 1, 1. 3). «Au commencement était le Verbe» (*Jean* 1, 1). «Au commencement»: non seulement à la première étape de l'histoire, mais aussi dans un constant commencement, dans un perpétuel acte de naissance. (La Traduction œcuménique de la Bible (TOB) donne pour le premier verset de la Genèse: «Lorsque Dieu commença la création». En note, elle traduit mot à mot: «En un commencement où Dieu créa...») Dieu est source jaillissante de création. Dieu est poète, artiste des mots, musicien de la parole. Son action, toute son action prend la forme de la parole.

La parole me fascine. Elle m'a toujours fasciné. Les spécialistes disent que le langage est l'apprentissage le plus important dans une vie humaine. J'en suis bien conscient. Je crois que j'ai toujours éprouvé un grand plaisir à parler et à entendre parler. Et si j'aime Dieu, c'est aussi et pour une bonne part parce qu'il parle. Je lui ressemble et il me ressemble. Parfois, je me demande si Dieu aurait pu résister à créer, et à créer l'être humain. Peut-il être parole sans se chercher un interlocuteur? Peut-il être parole sans que celle-ci ne devienne dialogue? Vous me direz qu'étant trinitaire, Dieu peut se suffire à lui-même. Oui, mais... Laissons les grands spécialistes «régler» ma possible hérésie. J'aime penser que j'ai été désiré par Dieu pour que sa parole devienne dialogue. Il voulait me parler. Il avait quelque chose à me dire. Peut-être aussi quelque chose à m'entendre dire.

La parole est liée profondément à ma vie de prêtre. Celle de Dieu comme celle des hommes et des femmes que je rencontre. Toute ma vie pastorale prend la forme de la parole. Je n'ai jamais hésité à investir dans les médias, principalement dans la radio. C'est pour moi une façon éminente d'être prêtre. Un pasteur peut-il exercer un autre métier que celui de la communication et, au delà, celui de la communion? Il est un rassembleur. Il appelle. Il convoque. Il transmet. Il traduit. Il lie et délie. Il reconnaît. Il montre. Bref, il parle. Et toujours pour donner la parole, à Dieu comme aux autres.

La Bible se dresse au milieu de ma vie comme le phare. Discrète mais efficace. Elle éclaire ma route. Elle pointe le sens, la direction. Elle révèle ce que cache la nuit. Je ne prétends pas être un habile exégète. Mais je connais suffisamment les rudiments de la science pour traverser les mers bibliques et arriver à peu près toujours en terre promise.

Bible et prière se marient bien dans ma vie. Il m'est impossible d'étudier froidement une page biblique comme si je disséquais un cadavre. J'ai toujours l'impression — et même la conviction — de me trouver en face d'un être vivant. Je ne fais pas de la littérature; j'écoute Dieu qui parle. C'est pourquoi j'ai toujours tenu ensemble l'étude de la Bible et la prière. Ouvrir la Bible, c'est pénétrer dans la Tente de la rencontre (*cf. Exode* 25, 8), c'est accéder au Saint des Saints (*cf. Exode* 26, 33). Que de fois, en lisant une page du livre saint, j'ai l'impression de m'approcher du puits de Jacob, en Samarie, alors qu'un voyageur fatigué m'y attend (*cf. Jean* 4). La Parole alors coule claire, limpide, cristalline, une eau vive... le don de Dieu. Car sa Parole, Dieu la donne. C'est toujours une parole donnée, une parole de fidélité, une promesse, un engagement. La carte géographique de ma vie est noircie de lieux témoins des promesses de Dieu, à mon endroit comme pour ceux et celles qui sont confiés à ma sollicitude pastorale.

J'ai un faible pour la liturgie des Heures. Là, les mots de Dieu deviennent ma prière. Des vieux mots usés par des siècles de désir et pourtant des mots neufs de la nouveauté de l'Esprit. J'ai l'impression d'épouser les rêves de Dieu, ses projets, son grand dessein. Du même coup, je suis convaincu de m'associer à la condition humaine. Chaque psaume apparaît comme un court documentaire, une vidéo qui saisit en quelques expressions une situation humaine, un drame, un bonheur, un état d'âme, un cri. De tous les mots de la Bible, les psaumes nous ressemblent le plus. Il y a dans les psaumes quelque chose de profondément humain, terreux comme nous, fragile et pécheur. Des paroles de pécheurs, et pourtant Dieu en fait sa Parole. Il parle à travers elles. Il en assume tout le drame.

La Parole de Dieu ne se limite pas à la Bible. Je l'entends aussi quand je scrute la Tradition. Comme prêtre, j'accorde une grande importance à la tradition ecclésiale. Parfois, celle-ci m'apparaît comme un bouquet de courants divers, un kaléidoscope de réflexions. Son soleil frappe la surface des vagues de l'histoire et ses rayons s'élancent dans toutes les directions. Peut-il en être autrement? Il est impossible d'écouter Dieu en essayant de s'abstraire de la culture, des racines géographiques de toute parole humaine. Les discours sur Dieu sont d'autant plus diversifiés qu'ils sont prononcés dans des paysages bien concrets. Cette pluralité n'est que bénéfique. Aussi, j'étudie. Il m'arrive même d'étudier beaucoup, malgré un agenda aussi chargé que celui d'un pasteur en paroisse. Le matin, alors que le reste de la ville dort encore, je me plonge dans la lecture. Et je lis de tout, même des choses qui ne concernent pas mon travail pastoral. Si Dieu est partout comme je le crois, partout il peut prendre la parole.

À l'époque où j'étais responsable de la formation dans ma communauté, je disais aux novices: «Si, pendant que vous étudiez, Dieu vous distrait, laissez-vous distraire!» L'étude est lieu d'expérience spirituelle. Elle interpelle la foi. Elle fait reculer les croyances au profit de la vraie foi. Je n'ai jamais perdu à me laisser bousculer par la recherche intellectuelle. Je suis même agacé par les méfiances que l'on manifeste souvent à l'endroit de l'intelligence. Spécialement dans les milieux d'Église, comme si l'intelligence n'avait pas droit à la sainteté elle aussi.

J'apprends beaucoup aussi à écouter les autres. Ils parlent abondamment, et dans tous les sens. Le rire en cascade des gens heureux, le gémissement des malades, le murmure des pacifiés, le cri impatient des résistants, le dur silence des pauvres et des oubliés, le soupir des amoureux: tout parle. Dans la communication des autres, j'entends Dieu, les jours où je suis moins sourd. «J'ai vu la misère de mon peuple en Égypte et je l'ai entendu crier sous les coups de ses chefs de corvée. Oui, je connais ses souffrances. Je suis descendu pour le délivrer» (*Exode* 3, 7-8). La réaction de Dieu est bouleversante. La compassion humaine m'émeut, mais davantage celle de Dieu. Dieu pourrait si facilement se complaire dans sa toute-puissance, ou s'enfermer dans l'indifférence. L'expérience de notre foi nous le révèle comme un être qui aime. Et la forme de son amour n'est rien de moins que la miséricorde, le cœur accordé à la misère, des entrailles de mère! Sympathie, empathie. Ou plutôt: compassion, communion, alliance!

Quand Dieu me parle dans la parole des autres, il fait appel à ma responsabilité. Trop souvent, je me surprends à résister: «Qui suis-je pour aller vers le Pharaon et faire sortir d'Égypte les fils d'Israël?» (*Exode* 3, 11) Comme je comprends Moïse! Mais chaque fois que je résiste, je finis par me rendre compte que je suis en train non seulement d'accoster mais de quitter le bateau pour le confort douillet de la terre ferme. Chaque fois que je résiste, je constate que je me sédentarise. Je dois donc remettre le navire à l'eau, lever l'ancre. Je suis du grand large, le marin des grandes mers. Même quand ces mers sont agitées, coléreuses, antipathiques. Des petits attendent du pain, une parole de réconfort, une présence, un silence. Et j'ai la sollicitude de Dieu à partager.

Une parole qui célèbre

Souvent, mon engagement prend la forme de la liturgie. Plus que tout, il me semble, je suis l'homme de la célébration. Mes gestes comme mes paroles trouvent leur point d'ancrage dans la célébration. Les gestes et les paroles des mes compagnons et de mes compagnes de route aussi. Ma foi m'incite à donner de l'envergure à tout ce que je vis et à tout ce que je vois vivre. Du large, toujours du large. La Pâque du Christ, comme un paysage maritime, crée de grands espaces de liberté. La célébration nous y introduit. Elle nous fait chanter l'indicible. Elle nous fait atteindre l'inaccessible de chaque événement de nos vies. Nos histoires humaines ressuscitent en alliance avec l'histoire de la Parole faite chair, et chair ressuscitée.

Avant tout, je perçois la célébration comme une liturgie de la parole. Parole humaine, celle qui cherche, qui attend, qui a faim, qui s'offre, qui avoue, qui souffre, qui aime. En écho, parole divine, celle qui appelle, qui éclaire, qui donne, qui pardonne, qui compatit, qui communie. Les sacrements sont l'incarnation de la parole dans des corps d'hommes et de femmes. Ils permettent à cette parole de circuler dans les événements humains. Ils font en sorte que la parole appuie, entraîne, conteste même.

Dans ces perspectives, j'accorde une grande importance à l'homélie. J'aime prêcher. Je ne suis pas dans l'Ordre des Prêcheurs pour rien! J'aime faire l'homélie. Le plaisir de prendre la parole en public, la joie de rejoindre des gens, de communiquer avec eux, pour créer un lien, faire un pont. Mais, plus que cela, le désir de laisser la Parole se faire chair. Il y a quelque chose dans l'homélie qui ressemble à la prière eucharistique. Comme celle-ci, l'homélie rend le Christ présent, une présence réelle même si ma tradition chrétienne ne reconnaît pas en cette présence une dimension sacramentelle. Que le Christ parvienne à rencontrer une assemblée, c'est l'essentiel. Je ne suis pas là pour exercer une influence ou un pouvoir sur une foule. J'ai horreur de ces prédications qui veulent emballer (dans tous les sens du mot!) l'auditoire. Faire homélie, pour moi, c'est présenter le Christ, le laisser se présenter. Faire homélie, c'est jouer un rôle d'entre-deux, être un passeur, puis m'effacer derrière le Christ. Rapidement, je dois retrouver ma place au sein de l'assemblée où, avec les autres, j'écoute le Christ. L'homélie doit devenir prière. Il est important que les gens retiennent non pas ce que j'ai dit, mais ce que l'Esprit leur inspire, qu'ils gardent l'homélie de l'Esprit Saint.

En prédication, je suis allé chercher un maître chez nos frères protestants. Dietrich Bonhoeffer m'apprend beaucoup. Je lui dois d'avoir reconnu l'importance du Christ au centre même de toute prédication et de tout témoignage. Plus que les grandes sagesses, plus que les morales, le Christ se manifeste dans la parole que je tiens au sein de toute assemblée liturgique. À condition, bien sûr, que ma parole reprenne celle qui s'est faite chair dans les évangiles et à travers la longue histoire du peuple de Dieu. Celle-ci n'a-t-elle pas donné naissance et consistance à cette poignée d'Hébreux en révolte contre le pharaon d'Égypte? N'a-t-elle pas accompagné ces descendants d'Abraham et de Sara à travers leur errance au désert? Ne les a-t-elle pas façonnés en peuple solidaire, peuple de saints et de pécheurs tout à la fois, peuple très humain et peuple de Dieu? Aujourd'hui, je veux reconnaître l'Église en continuité de ce peuple. Elle s'inscrit dans la caravane d'Israël. Elle assume cette sainte histoire. Elle reconnaît au sommet de celle-ci un homme qui récapitule toute l'histoire humaine. Un homme venu de Dieu, son Fils et un frère en même temps. C'est lui, cet homme-Dieu, qui transforme le peuple pour en faire son corps. Parler au sein du Corps du Christ — et particulièrement dans la liturgie —, c'est offrir une nourriture qui garde en route, une nouvelle manne. C'est également rapprocher, solidifier en solidarisant. Prêcher, c'est construire la communauté des disciples du Christ.

Mais le Christ que je prêche, c'est également celui qui porte la condition humaine dans ses bonheurs comme dans ses épreuves. Prêcher, c'est aussi annoncer le pauvre, le laissé-pour-compte, le marginal, «l'un de ces plus petits, qui sont mes frères», comme Jésus a dit (*Matthieu* 25, 40). Prêcher, c'est assumer la détresse humaine comme un appel de Dieu, un appel au service des autres, à la justice, à la solidarité. La prédication est une mise en marche. Elle mobilise. Du moins, c'est son intention. Il y a tout un univers à transformer pour que l'humain tienne sa place au sommet de la création.

Le Christ que je prêche rencontre mes frères et mes sœurs dans les gestes qui prolongent la parole, principalement dans les sacrements. Célébrer les sacrements, c'est proposer et à Dieu et à des humains un lieu de rencontre. Naître et renaître, guérir, pardonner, s'unir, communier: autant de gestes humains assumés par Dieu comme autant de lieux de salut, autant d'occasions de faire alliance. La vie humaine devient manifestation, révélation de la Pâque du Christ et de la Pâque de son Corps qui est l'Église.

Aussi, préparer un baptême, rencontrer quelqu'un pour le pardon, visiter un malade, c'est d'abord écouter. Dieu me parle quand un frère ou une sœur raconte une naissance, révèle son amour ou expose sa blessure. Dieu me parle dans ces récits de vie qui forment le terreau où le mystère pascal s'enracine et germe. Donc, j'écoute et j'aide à écouter. Dans un monde qui parle beaucoup jusqu'à rendre la parole banale, j'ai le défi d'écouter et d'aider à écouter le murmure de Dieu, presque son silence. C'est tout bas que Dieu parle fort! Et il faut beaucoup d'attention pour l'entendre. La pastorale de l'écoute me semble une des dimensions les plus importantes dans la vie d'un pasteur. Toute célébration des sacrements devrait conduire au silence. Nous célébrons dans la discrétion de Dieu des vies fécondées par sa Parole libératrice, son Verbe, le Christ ressuscité d'entre les morts.

Je continue

Autour du concile, nous avons beaucoup investi dans la liturgie. Aujourd'hui, la pastorale met l'accent ailleurs. D'autant plus que les églises sont désertées. Personnellement, je continue. J'investis toujours en liturgie. Beaucoup plus, même. Je veille sur la petite flamme car je sais bien qu'un jour, peut-être pas très loin, on viendra lui quêter un peu de chaleur, un rayon de lumière. Nous ne pouvons pas vivre sans rites. La vie est un grand mystère. Et les mystères ne s'expriment que dans des gestes rituels. Ils se disent à la manière de la poésie. La foi ne peut durer sans la liturgie. Elle veut dire l'indicible. Sans la liturgie où Dieu est rencontré personnellement, la foi devient vite une idéologie. Sans la liturgie où une parole est prononcée, où un geste est posé pour dire le sens et donner du sens, les engagements même les meilleurs se vident de leur dynamisme. J'admets qu'il faut renouveler les rites. Ils ne correspondent pas toujours à la culture dans laquelle nous vivons. Mais le problème de la liturgie ne me semble pas d'abord de ce côté-là. Le vrai problème se trouve dans nos attitudes. Il faut beaucoup de gratuité pour s'abandonner aux rites, les laisser parler, les laisser nous transformer, les laisser nous entraîner. Pas de véritable liturgie sans ce lâcher-prise. Un évêque aimait dire au début des célébrations qu'il présidait: «Mes amis, aujourd'hui, le temps ne compte plus!» Ce pasteur nous invitait simplement à cet essentiel abandon. L'avenir de la liturgie dépend en grande partie de la redécouverte de cette dimension de la prière et de la liturgie.

Au terme de cette réflexion sur ma vie de prêtre et sur le bonheur que je peux connaître, j'ai l'impression d'avoir fait un bilan. Faut-il terminer avec des prospectives? Je n'ose pas dessiner l'avenir. Il ne m'appartient pas encore. Je souhaite cependant continuer de naviguer jusqu'au bout. La mer est vaste. Il reste beaucoup de territoires à parcourir. Dans les chantiers de l'Évangile, il reste du travail à faire. Je veux continuer malgré ma faiblesse et la fragilité de l'Église. J'accosterai quand Dieu me montrera le port. À marée basse ou à marée haute, peu importe, je rentrerai à son appel. J'espère alors pouvoir dire en toute sérénité: «Tu peux laisser s'en aller ton serviteur en paix, selon ta parole» (*Luc* 2, 29).

Une journée, au hasard...

4 h   Lever, toilette, déjeuner, ménage

5 h   Célébration individuelle de l'Office des lectures. Saint Léon ne m'accroche pas aujourd'hui. Pourtant, d'habitude...

             Étude: je plonge dans *Une foi partagée* de Fernand Dumont. Ça donne à penser...

6 h 50   Oraison

7 h 30   Eucharistie conventuelle

8 h   Célébration communautaire de l'Office du matin. «Au matin, tu écoutes ma voix...»

8 h 30   Travail à l'Institut de pastorale

             Préparation de cours, révision d'un manuscrit. Le téléphone ne cesse pas de sonner!

11 h   Rencontre d'une étudiante qui panique devant ses travaux! Ça arrive!

11 h 50   Célébration communautaire de l'Office du milieu du jour

12 h   Repas et repos

13 h 15	Préparation du programme de chants pour les funérailles d'un frère
13 h 30	Retour à l'Institut de pastorale
	Correction de travaux d'étudiants. Ils sont bons! Quelques coups de téléphone à la recherche de personnes qui viendraient en entrevue à ma prochaine émission de radio.
15 h	Rencontre d'un étudiant de l'École des Hautes Études Commerciales. Il est luthérien et sa fiancée n'appartient à aucune religion: peuvent-ils célébrer le sacrement du mariage dans l'Église catholique? L'occasion d'un bon échange sur la foi et sur le sens du mariage chrétien.
16 h	Menus travaux: rangements, suite à quelques messages reçus sur Internet, lecture de rapports de réunion, etc.
17 h 10	Lecture de la Bible. Je suis dans la Genèse, ces jours-ci. Stratégies et complots humains abondent, mais Dieu n'a pas l'air de s'en surprendre!
17 h 30	Célébration communautaire de l'Office du soir. Dieu, viens à mon aide: je suis fourbu!
18 h	Repas
19 h	Rencontre d'un couple pour préparer leur mariage. C'est donc beau, le bonheur!
20 h	Rencontre d'une jeune fille qui songe à la vie religieuse. Sérieuse et bien réaliste.
21 h	Je rejoins la communauté réunie auprès du frère décédé.
22 h	Complies. Coucher. «Entre tes mains, je remets mon esprit.»

Né à Saint-Michel-de-Bellechasse en 1915, aujourd'hui professeur émérite à l'Université de Montréal, le père Benoît Lacroix, dominicain, fut longtemps professeur à la même université, ainsi que professeur invité aux universités de Caen (France), de Kyoto (Japon) et de Butare (Rwanda). Historien, écrivain et théologien, le père Lacroix est un auteur prolifique et un conférencier apprécié.

Un moment pour tout faire

Benoît Lacroix, o.p.

Il y a le moment pour tout,
et un temps pour tout faire
sous le ciel:
Un temps pour enfanter,
et un temps pour mourir;
un temps pour détruire,
et un temps pour bâtir;
un temps pour gémir,
et un temps pour danser.
Un temps pour chercher,
un temps pour garder,
et un temps pour jeter.
Un temps pour déchirer,
et un temps pour coudre;
un temps pour se taire,
et un temps pour parler.
Un temps pour aimer,
et un temps pour haïr.

Qohélet 3, 1-8

Le temps! Je l'aime. La vieillesse aussi. Le temps, je l'aime, je l'ai toujours aimé. Vieillesse et temps voyagent ensemble. Quel compagnonnage! J'ai maintenant quatre-vingt-cinq ans. En l'an 2000! Chaque instant m'apparaît comme une parcelle d'éternité, un moment

divin. Et j'y tiens. À chaque jour le temps en moi fait son nid. À chaque jour je recommence. Entre-temps «un âge s'en va, un autre vient,
et la terre subsiste toujours» (*Qohélet* 1, 4). «Les jours de l'homme
sont plus rapides que la navette du tisserand» (*Job* 7, 6). Ainsi va le
temps, mesure de vie, mémoire et présage, sculpteur de vérité, lime
qui travaille sans bruit.

À vrai dire, le plus beau symbole du temps que je connaisse est le
fleuve Saint-Laurent qui, lui aussi, suit son chemin, écrit sa vie au jour
le jour. Depuis que je suis tout petit, je l'observe, je le surveille. Il n'a
pas changé de route. Quoi qu'il arrive, il est là, il sera là, toujours là,
rivé à jamais au village de Saint-Michel-de-Bellechasse et à l'île
d'Orléans. Le fleuve m'enseigne l'art de vivre, l'endurance, la patience,
le goût d'aller-venir. Même si je voulais arrêter le fleuve, il continuerait
sa route. Ainsi est le temps qui est mon navire et non ma demeure.

Pourrai-je, un jour, sur l'*océan des âges* moi aussi jeter l'ancre?
Mais non, mais non! Va, suis le chenal. Par le temps, avec le temps,
épousant au besoin les marées sans jamais pourtant douter du chenal,
j'apprends jour après jour que le bonheur est possible autant qu'à chaque
jour suffit sa peine.

«Sous l'œil de Dieu près du fleuve géant», et comme des flashes
synchronisés d'un phare en bordure de la grève, d'incomparables
paroles sacrées éclairent ma vie. «Vois: je mets aujourd'hui devant toi
la vie et le bonheur, la mort et le malheur, moi qui te commande
aujourd'hui de suivre les chemins du Seigneur ton Dieu, de garder ses
commandements, ses lois et ses coutumes... Écoute la voix du Seigneur.
Cette loi, je te la prescris aujourd'hui... elle est dans ton cœur» (*cf.*
Deutéronome 30, 10-16). Confiance! Chaque moment est issu d'un
temps divin. Seigneur, je sais, je sais! «Mille ans sont à tes yeux comme
un jour» et «un jour dans tes parvis en vaut plus que mille».

Y a-t-il un moment pour tout et un temps pour tout faire sous le ciel?

Vraiment! Un temps pour le bonheur! Un temps pour être heureux,
un temps pour rire! Mais qu'est-ce que le bonheur, sinon un bien
possible, une conquête, une recherche, un acquis de l'esprit? Le bonheur
aurait-il ses saisons et, ainsi que le fleuve, ses vagues et ses caprices?

Tel un arbre pour fleurir, il lui faut des racines cachées et des branches exposées à tous les vents. Le bonheur n'arrive jamais seul. Il ne s'achète pas. Il faut le prendre au passage. Comme il vient, quand il vient. En théologie, il porte le nom de *béatitude*, et sa réalité suppose ce temps irréversible qui s'appelle l'éternité. Le temps de Dieu!

Sur le fleuve du temps, mon plaisir actuel ou plutôt mon suprême bonheur, bonheur quasi charnel, consiste à ramer, à donner du temps et des bras aux autres. Leur bonheur, c'est le mien! Je le dis sans prétention. Le temps du don est le plus riche qui soit. Le plus gratifiant aussi. Sans les autres, je ne pourrais pas être heureux, pas plus qu'une moniale sans la contemplation. Je comprends celui qui a dit: «Il y a plus de bonheur à donner qu'à recevoir» (*Actes* 20, 35), et même celui qui a écrit qu'«il n'est pas de plus grand amour que de donner sa vie pour ses amis» (*Jean* 15, 13). Mais je ne suis pas un saint. Je ne suis pas fait pour l'héroïsme. Comme Félix Leclerc le chante si bien, j'aime les «petits bonheurs» de la vie courante dans les «souliers» du travail routinier. Ce qui me fait admirer les petites gens des besognes les plus ordinaires: cultivateurs, cuisiniers, balayeurs de maisons et de rues, conducteurs d'autocars et de métros, laveurs de planchers et de toilettes, serveuses, serveurs et femmes de ménage, etc. Les espoirs les plus simples sont pour moi les plus beaux du monde.

Ainsi, je vois le bonheur du prêtre dans son ministère, souvent répétitif, dans le service de tout ce monde qui habite les chemins les plus fréquentés de la vie.

Un temps pour aimer

La vraie vie est d'aimer. Vie sans amour est comme maison sans fenêtres, fleuve sans chenal, voilier sans vent ou mouette sans ailes. «À ceci tous reconnaîtront que vous êtes mes disciples, si vous avez de l'amour les uns pour les autres» (*Jean* 13, 35). «Celui qui n'aime pas n'a pas connu Dieu, car Dieu est Amour» (*1 Jean* 4, 8).

Qui n'aime pas est mort. Qui n'accepte pas d'être aimé est bien près d'être moribond. Tagore écrit: «Celui qui rejette l'amour est à son tour rejeté par lui et il gît dans les larmes sur le seuil.» Inévitable amour! «Implacable, fort comme la mort. Ses flammes sont des flammes ardentes. Les torrents ne peuvent éteindre l'amour, les fleuves ne le submergeront pas» (*Cantique* 8, 6-7). Ainsi le proclame depuis plus de deux mille ans la Sainte Parole. Disons, avouons que l'amour donné par un prêtre catholique romain célibataire risque d'être assez spécial. Et difficile, pour ne pas dire davantage. En soi, l'amour est un grand bien. Meilleur est le bien, meilleur est l'amour. Meilleure est la source, meilleure est l'eau.

Tendresse oblige! Bien oui! Pour tout le monde, pour le prêtre aussi. Il y a des risques. Peut-être même des écarts. Mon âge me permet de le dire. «Que celui de vous qui est sans péché lui jette la première pierre.» Ce qui importe est la confiance réelle, l'élan spirituel, l'intégration de ce qui pourrait n'être que démesure. Tendresse d'amour est davantage sagesse expérimentale du cœur, finesse d'esprit, don plutôt que possession et calcul. Saint Augustin, qui a eu ses moments d'erreur, écrit quelque part que mieux vaut souffrir et aimer que de ne pas aimer pour ne pas avoir à souffrir. Moi, j'oserais préciser que celui qui aime trop est plus parfait que celui qui n'aime pas assez. Suis-je hérétique?

Pour toutes mes années de vie sacerdotale, 60 ans en juin 2000, le temps que j'ai aimé et que j'aime encore est un temps essentiel, le plus beau de ma vie. Oui j'aime le monde, j'aime les gens. Puis-je m'en glorifier? J'aime beaucoup les enfants, mais davantage les femmes! Quel plaisir de les voir venir, de les accueillir et de les respecter en leur chemin de choix. Les espiègles! Elles ont de ces manières d'attirer notre attention! Et pourtant il me semble que je ne pourrais pas les aimer trop si je n'aimais en même temps la liberté qui leur est due. Nous en reparlerons. J'aime les prêtres. Beaucoup. Je leur dois à peu près tout ce que je suis. Je pense particulièrement aux prêtres du collège Sainte-Anne à La Pocatière, à plusieurs de mes frères en saint Dominique. Aujourd'hui, plusieurs sont décédés, mais l'amitié demeure. Parmi les autres amitiés significatives, il y a celles des couples, dont certaines durent depuis 40 ou 50 ans. Des liens profonds. Merci aux Parent, aux Fournier, aux Rainville, aux Ledoux, aux Pilon et à d'autres. «Un ami fidèle est un élixir de vie... Qui l'a trouvé a trouvé un trésor.» Une grande amie, disparue à trente ans à la suite d'un accident de voiture, Mireille Lanctôt, a laissé à ce propos des mots prophétiques que je dévore:

Ceux que j'ai aimés, je les aime encore.
Il me suffit de les revoir pour que se continue l'amitié.
Je les aime encore, même quand je ne les vois plus.
Je pense que je suis fidèle, et c'est tout.

Un temps pour haïr

Me reste-t-il du temps pour haïr? Je ne le crois pas. Haïr les personnes? Oh non, jamais! Haïr en elles le mal, comme en moi: oui, toujours! Mais, je me le demande, en quelle personne trouverai-je que le mal est plus fort que le bien? À moins que je ne me fie qu'aux apparences. Même le diable a d'abord été un bon ange. Le mal est né après le bien. Peut-être n'est-il que l'ombre d'une qualité éteinte? Les gens sont meilleurs que leurs actes, a dit le pasteur Martin Luther King.

Un temps pour coudre,
un temps pour déchirer

Parlons de liberté. Glorieuse et chère liberté! Penser, vouloir, choisir, essayer de faire au meilleur de ses idéaux, mesurer ses responsabilités, délaisser ses instincts primitifs, maîtriser ses pulsions, contourner des contraintes extérieures, réviser ses options, s'engager, agir: telle est la vraie liberté. Dieu la veut ainsi, lui qui nous laisse à «notre propre initiative», comme le dit l'Écriture. L'être humain vaut plus que tout l'univers, parce qu'il est libre. Comprenons que des milliers de jeunes soient morts pour elle. Des moins jeunes aussi. À la télévision, j'ai vu des martyrs de la liberté, Gandhi, Martin Luther King. J'étais en France, en mai 1996, quand on nous a annoncé la mort de sept trappistes français assassinés pour avoir choisi d'aimer. Ainsi en a-t-il été de l'évêque Pierre Claverie, tué lui aussi à Oran le 1er août 1996. J'ai eu le privilège de connaître des êtres d'une rare liberté, tels les pères M.-J. Lagrange, Chenu, Congar, l'abbé Pierre et d'autres ici au pays. Joyeuse et difficile liberté!

Oui, je sais, je sais trop que, pour l'être humain, l'acte de croire, tout comme à certains égards l'acte d'incroyance (à ne pas confondre avec l'acte d'ignorance), demande d'être absolument hors de toute espèce de contrainte. De plus, je persiste à penser que la première liberté à préserver, coûte que coûte, est la liberté de conscience. Créature divine, la conscience en moi précède la loi et l'autorité. Elle vient de Celui dont la science dépasse en sagesse toutes les autres sciences du monde, y compris les sciences dites ecclésiastiques. «La conscience demeure le centre le plus secret de l'homme, le sanctuaire où il est seul avec Dieu et où sa voix se fait entendre.» Formé en tout premier à l'obéissance passive, comme tous les Québécois de souche et comme religieux obligé à un vœu public d'obéissance, il ne m'a pas toujours été facile de m'en remettre à ma propre décision. Surtout quand, tout autour, proches et amis ignorent mes critères et mes options fondamentales. C'est ainsi qu'il peut se faire que la liberté de conscience, même la plus éclairée, vienne en conflit avec ce que la liberté de l'autre lui indique. Exemple classique: oui, je suis contre l'avortement, mais quand une jeune femme est devant moi et qu'elle m'explique la décision qu'elle a prise de ne plus garder son enfant, je trouve ma force dans le respect de la conscience, dans le don absolu de ma vie à la liberté qui est la sienne. Oui, je donnerais littéralement ma vie pour la liberté de conscience de l'autre au moment où elle, il, heurte de front la mienne.

«Libre à l'égard de tous, je me suis fait l'esclave de tous pour en gagner le plus grand nombre» (*1 Corinthiens* 9, 19). Le fait que moi, prêtre catholique, je lise toutes les encycliques et les admonitions de mon Église dont le siège social est à Rome, et me sente si libre de dire et de redire l'essentiel de l'essentiel, cela vient peut-être du sens même de la miséricorde et du droit à l'erreur tactique qui m'ont été offerts quand je suis entré chez les Dominicains le 26 juillet 1936. Je sais à quel point tous les mots d'Église traduits du latin peuvent limiter la pensée divine et à quel point une institution, fut-elle ecclésiastique, est marquée par l'humanité de ses scribes et de ses docteurs de la loi. Historien et médiéviste de formation, je ne dirai pas que tout est relatif, mais qu'il y a un temps pour tout, «un temps pour coudre, un temps pour déchirer», un temps pour décider et un temps pour ne pas décider, un temps pour affirmer et un temps pour se taire.

Même le Christ n'a pas tout dit ce qu'il savait. Comment dès lors accorder le privilège de l'absolue vérité à des manières de dire et de penser qui briment la conscience de l'autre? Dieu seul sait tout... Je ne possède pas Dieu. Je ne possède pas la vérité, je la cherche, et j'ai besoin de la vérité des autres pour connaître. C'est toujours avec émotion que je relis le texte de l'évêque Pierre Claverie, écrit quelques mois avant son assassinat, au moment où un groupe de «chrétiens» anonymes le dénonçaient auprès des autorités religieuses de propager une fausse notion de la conscience, comme s'il fallait toujours que les droits de la vérité soient en opposition avec les requêtes plus subjectives de la personne. «Il y a certainement des vérités objectives, mais qui nous dépassent tous et auxquelles on ne peut accéder que dans un long cheminement et en recomposant peu à peu cette vérité-là, en glanant, dans les autres cultures, dans les autres types d'humanité, ce que les autres aussi ont acquis, ont cherché dans leur propre cheminement vers la vérité.»

Seule la Vérité est un absolu. La liberté est une conquête. Comme la vertu. «Vous avez été appelés à la liberté» (*Galates* 5, 13), à «la loi parfaite de la liberté» (*Jacques* 1, 25). «Là où est l'Esprit du Seigneur, là est la liberté» (*2 Corinthiens* 3, 17). «La Parole de Dieu n'est pas enchaînée», ni enchaînable. Le Christ en personne affirme: «Si vous demeurez dans ma parole, vous êtes vraiment mes disciples, vous connaîtrez la vérité et la vérité fera de vous des hommes libres» (*Jean* 8, 31-32).

Quels sont mes critères de discernement? Je ne puis quand même pas me laisser aller à une opinion publique facilement changeante, fragile, légère, souvent contradictoire. En premier, je prie pour voir clair. Ensuite j'interroge la Parole de Dieu, telle qu'elle est vécue et comprise à même l'expérience deux fois millénaire de mon Église, l'Église du Christ. Puis, pour soulager mon esprit, je relis ce qui a été raconté de Jésus: «Maître, nous savons que tu es franc et que tu enseignes les chemins de Dieu en toute vérité, sans te laisser influencer par qui que ce soit, car tu ne tiens pas compte de la condition des gens» (*Matthieu* 22, 16). Oh! ce n'est pas facile.

Et un temps pour enfanter

D'autre part, que faire des ombres et des nuages qui risquent parfois de nous faire chavirer? «Loi de fer de la nature!» écrit froidement le vieil Euripide. Prêtre depuis 1941, j'en ai accumulé, des souvenirs et des souvenirs de misères individuelles, de drames affreux, inoubliables, de conflits mondiaux inutiles, de guerres folles — elles le sont toutes. C'est la Shoah, la guerre de Normandie, de Sarajevo, d'Hébron, du Rwanda, du Kosovo, le suicide de mon neveu Stéphane, la tuerie du 6 décembre à l'École Polytechnique à Montréal. Et c'est à suivre! Plus incisifs, évidemment, sont les chagrins personnels, les échecs, les erreurs, les départs, la persécution tranquille de la religion au pays du *Refus global*. Des confrères très doués, des amis, des proches même balancent tout de l'héritage. D'autres cèdent peu à peu au chantage, tournent la page de leur trop catholique enfance et finalement ferment sinon perdent le Livre sacré tout entier. Toi, tu te retrouves seul, la tête remplie de secrets à ne jamais dévoiler. En plus, tu entends des propos qui révèlent une large ignorance du christianisme historique, des images «téléromanisées» pleines de mépris pour le prêtre. Soupçons, rumeurs, mise en épingle de nos faiblesses font que nous vivons une situation pour le moins inconfortable. *Ecce homo!* Que dirait le Christ? «On te frappe sur la joue droite, présente la joue gauche!» Mais je ne suis pas le Christ, loin de là. La souffrance reste la souffrance. «À moins que le grain ne meure il ne portera pas de fruit...»

Mais n'exagérons pas. Aujourd'hui, toute personne qui souhaite se consacrer à la vie publique risque d'être quelque peu malmenée. Pourquoi le prêtre serait-il épargné? Le disciple doit-il être au-dessus de son maître? «Qui veut venir à ma suite, qu'il porte sa croix et qu'il me suive» (*Luc* 9, 23). Onze mois avant sa mort, le 21 octobre 1896, Thérèse de l'Enfant-Jésus écrit: «Lorsque Jésus appelle une âme à sauver des multitudes d'autres âmes, il est bien nécessaire qu'il lui fasse expérimenter les tentations et les épreuves de la vie.»

Un temps pour gémir

Y aurait-il en plus un temps dans la vie du prêtre pour se tromper? un temps pour gémir sur ses erreurs? Ah! la crainte de poser sur les épaules des autres des fardeaux que je n'ai pas réussi à porter convenablement moi-même. Il reste que la plus grande souffrance du prêtre que je suis est de me savoir encore (à mon âge!) pécheur et faillible. D'autre part, si je n'étais pas pécheur, celui qui si souvent par moquerie manque à la charité et même joyeusement, et plus qu'à son tour, je ne goûterais pas à l'immense miséricorde du Seigneur, à la joie incomparable d'être pardonné. *O felix culpa!* «Bienheureuse faute», chante la liturgie pascale. Quelle audace! Dieu est plus grand que notre cœur. Être pardonné est un grand signe d'amour. Pardonner aussi. Où serait l'amour sans le pardon et la miséricorde?

Le prêtre absout, il est absous. Le pardon est une des plus grandes réalités de sa vie: soit qu'il le reçoive, soit qu'il le demande. Dois-je écrire que j'en veux à ces prêtres d'autrefois qui refusaient l'absolution à des femmes qui ne se sentaient plus prêtes à «partir en famille»; de même, à ceux qui lorgnent négativement le divorce, la lesbienne, le drogué professionnel... «Si quelqu'un te demande du pain, vas-tu lui donner une pierre?» (*cf. Matthieu* 7, 9).

À ce propos, des paroles inoubliables me trottent dans la tête. Elles m'apportent le plus grand réconfort qui soit dans ma vie de prêtre. Toujours au nom du même Seigneur: «Je désire la miséricorde et non les sacrifices» (*Matthieu* 9, 13). Là où abonde le péché, surabonde la miséricorde... La miséricorde se moque du jugement. «Je vous le déclare, c'est ainsi qu'il y aura de la joie dans le ciel pour un seul pécheur qui se convertit, plus que pour quatre-vingt-dix-neuf justes qui n'ont pas besoin de pardon» (*cf. Matthieu* 18, 13). Et l'histoire de l'enfant prodigue! Et celle de la pécheresse! Et celle de Marie-Madeleine! «Le Fils de l'homme est venu chercher et sauver ce qui était perdu» (*Luc* 19, 10).

Je n'ai jamais oublié, ni voulu oublier ce que j'ai lu pour la première fois en 1938 au chapitre huitième de ce qui s'appelait à l'époque *Histoire d'une âme*: «Ô ma mère, qu'elle est douce la voie de l'amour! Sans doute, on peut tomber, on peut commettre des infidélités; mais l'amour, sachant profiter de tout, a bien vite consumé ce qui pourrait déplaire à Jésus, ne laissant plus au fond du cœur qu'une humble et profonde paix.»

Salut miséricorde! Salut divine miséricorde! Voilà la source de ma «joyeuseté» qui semble parfois impressionner les personnes qui me connaissent de près. La double miséricorde, celle que je reçois, celle que je donne, est la source inépuisable de ma joie.

Un temps pour bâtir

Suis-je trop superficiel? trop rêveur? irréaliste? trop protégé par ma communauté pour persister à croire que, malgré tout, «il y a de l'espérable dans l'air», comme dirait Montaigne? C'est vrai: l'espoir voyage surtout la nuit, avec les étoiles, mais je sais aussi que mieux vaut allumer une chandelle que de maudire les ténèbres. Le bien l'emportera toujours. L'espoir agit dans la longue durée. Comme le temps. Je suis de l'âge d'or. Que puis-je faire encore?

Disons que je trouve un grand bien dans la Parole de Dieu. La réponse toute simple de Jésus à Nicodème qui s'inquiète des inconvénients de sa vieillesse m'enchante: il faut naître d'en haut, il faut naître de l'eau et de l'Esprit. Les récits de la vie de ce même Jésus et celui de sa promesse d'être avec nous jusqu'à la fin des temps «m'énergisent». Le dernier discours, celui du Jeudi saint au soir, juste avant sa mort, reste pour moi une source inépuisable de réconfort. Ainsi se bâtit ma vie. Enfin, le mot de saint Paul a de quoi secouer mes «vieux jours» aux moments les plus difficiles: «Ne perdons pas courage et même si, en nous, l'homme extérieur va vers sa ruine, l'homme intérieur se renouvelle de jour en jour» (*2 Corinthiens* 4, 16).

Et un temps pour se taire

Une grande solitude! Le prêtre est forcément seul. Qu'il occupe sa vie par mille distractions, cela n'arrange rien. Il est seul. Comme le Christ. Par vocation. L'abbé Pierre, enfant choyé de la presse française, avoue avoir parfois pleuré de solitude. Comment accorder son isolement avec les premiers mots de la Genèse, à savoir qu'«il n'est pas bon que l'homme soit seul»? *Vae soli!* «Qui mange seul est le frère de Satan», dit un proverbe. Nul n'est une île!

Entendons-nous! Les plus âgés ont peut-être rencontré jadis des gardiens de phares et des garde-feux qui, sans téléphone ni radio, surveillaient la mer et les bois aux abords du fleuve. Mais quelle merveille dans leurs yeux et dans leurs mots lentement énoncés! En fait, la solitude est une grâce que les anciens sages appelaient l'*art du désert*. Grâce du silence! Regardons un instant l'enfant qui joue dans le sable: «Ne me dérangez pas, je suis profondément occupé.» Solitude et silence vont de pair. C'était beau de les voir, à Saint-Michel, ces vieilles et ces vieux se berçant sur le perron de leur maison. Pas un mot, silence. Que d'amour!

Au silence, je dois la capacité de faire oraison, le plaisir de la méditation, le temps d'écrire livres et homélies. Ce silence, capable d'intégrer les pires solitudes, je l'ai surtout appris chez les Dominicains. La cellule, la chambre, est un lieu privilégié où l'on ne parle pas. Ou fort peu. Le même silence contemplatif, je l'ai connu durant les nombreuses retraites prêchées à des moniales et à des moines. Quelle grâce! De toute façon, le silence est une grâce. Sans lui, je me serais souvent égaré en de multiples activités et paroles plus ou moins édifiantes. Faut-il préciser que j'ai écrit, à 70 ans, un livre intitulé *Silence*. Il était temps! C'était pour rendre hommage au grand silence divin de ces «espaces inédits» du ciel et de la terre.

Et un temps pour chercher

«Les oiseaux volent. Les poissons nagent. Les humains prient», écrit le mystique Isaac le Syrien. La prière n'est pas une chose nouvelle. Elle est de toutes les cultures et religions. Mère Teresa en parle comme de «l'oxygène du monde» et de «la respiration de l'âme». Gandhi y voit «la clef du matin» et «le verrou du soir». Dieu a voulu que nous puissions, chacune, chacun, selon telle ou telle façon, désirer, chercher, implorer, chanter, prier, nous taire, nous souvenir. La prière est tout cela à la fois. Et plus encore! «Qui prie s'agrandit.» «Pour moi, la prière, écrit Thérèse de Lisieux, c'est un élan du cœur, c'est un simple regard jeté vers le ciel, c'est un cri de reconnaissance et d'amour au milieu de l'épreuve comme au sein de la joie! Enfin, c'est quelque chose d'élevé, de surnaturel, qui dilate l'âme et l'unit à Dieu...»

À mesure que le temps passe, je cherche, je réfléchis sur la vérité de ma prière. Je compare, je me souviens. Je revois encore ma mère malade, bien ajustée à ses oreillers, priant de tant de manières: chapelet et livres de mots et d'images à la main. J'entends encore mon père à la grange chanter glorieusement le *Credo du paysan* à ses animaux nouvellement nourris. J'ai prié à la synagogue, à la mosquée, à Kyoto dans les temples bouddhistes, à l'Arche, à Jésus-Ouvrier avec les charismatiques. La prière des pauvres m'émeut toujours. Je sais à quel point il est vrai, ce proverbe tibétain: «On ne joint bien les mains que si elles sont vides.» Si, d'autre part, je demandais au Christ ce qu'il y a de plus important dans la vie du prêtre, je crois que sa réponse serait toujours la même: aimer en priant, prier en aimant.

À cause de longues années d'études séculières, je crains que ma prière devienne un peu trop cérébrale et coutumière. Heureusement la prière du cœur m'est possible à tout moment de la journée. Officiellement, voici un peu le temps exact de mes prières rituelles: le matin de 7 h 30 à 8 h 30, cela inclut la prière eucharistique. Je suis au chœur, à l'église conventuelle des pères dominicains, au 2715, Côte-Sainte-Catherine, à Montréal, de 11 h 50 à 12 h, pour la prière des Heures, dite tierce ou sexte, suivie de l'angélus et d'une brève oraison. Le soir, vêpres en commun de 17 h 30 à 18 h. Dans les années 1940, je me rappelle fort bien d'avoir participé régulièrement au lever de nuit: à minuit, nous étions à réciter des psaumes et à lire de longs textes latins. Il faut le faire! Des avantages et des inconvénients? Des avantages: ceux de connaître la nuit, de prier dans le silence, si pareil pour moi au silence du Rang 3 à la même heure! Mais il fallait nous lever le lendemain et suivre des cours de théologie et de philosophie largement marqués par la scolastique. Déçus de nous voir somnolents comme malgré nous, les professeurs ont finalement réclamé la fin des matines de nuit, observance monastique chère au Moyen Âge. L'important demeure moins l'heure et le rite que la recherche de la Parole sacrée.

Aujourd'hui, en fin de piste, c'est toujours avec la même émotion que je lis et relis la célèbre prière du Christ avant sa mort, selon *Jean* 17, 1-26. «Après avoir parlé, Jésus leva les yeux au ciel et dit: Père des cieux, l'heure est venue...» Quelle magnifique sincérité traverse les temps et même les mots! Que j'aurais aimé entendre la dernière prière des sept trappistes de Tibhérine le 26 mai 1996, avant leur sauvage décapitation! Peut-être ont-ils chanté le *Psaume* 23? «Yahvé est mon berger, rien ne me manque... Vers les eaux du repos, il me mène.» Je dis cela parce que j'aime les psaumes. Surtout quand je pense que le Christ les a dits, la Vierge aussi. Et des milliers, des milliers de priants depuis David jusqu'au dernier martyr de l'une ou l'autre religion monothéiste. Parmi les diverses manières de prier selon les psaumes, la prière de louange me paraît particulièrement valable, parce qu'elle glorifie la Parole de Dieu. De ce point de vue, j'envierai toujours la très large et royale prière dite monastique.

Un temps pour mourir

Moi aussi, et assez longtemps, j'aurai été obsédé par les images du jugement particulier et du jugement général; du ciel à tout prix, de l'enfer à jamais. Il m'a fallu de grandes études en théologie, de la prière et de la relecture des évangiles pour identifier peu à peu le message de Jésus venu, parti, présent, mort, ressuscité, et de son retour à la fin des temps. En fait, sa mort-résurrection change tout. Avec lui et par lui, c'est la vie, «la vie en abondance», la vie promise, la vie éternelle. Mais quand? Plus le temps avance, plus je veux savoir «le temps et le moment que le Père a fixés de sa propre autorité» (*Actes* 1, 7). Je prie pour que cela n'arrive pas en hiver comme pour ma mère, un 16 janvier 1951, lors d'une impossible tempête de vent et de poudrerie.

Le temps se resserre. Je le sais. Je le sens. La mort, je la côtoie, je la vois de près. Mais quand? Quelle sera cette fraction de seconde qui m'entraînera à jamais dans l'éternité, un peu comme la petite goutte d'eau partie de Saint-Michel en Bellechasse en route vers l'océan qui l'ennoblira pour toujours? Qu'elle vienne, qu'elle vienne, cette seconde de vérité ultime! Alors qu'«il n'y aura plus ni jour ni nuit» mais rien que l'instant, l'instant éternel, l'aujourd'hui de Dieu. Étrange mystère du temps qu'intègre à mesure l'éternité qui le dissout.

En attendant, Benoît, ne t'énerve pas! Crois! Espère! Ne tire pas les rideaux avant que le soir ne vienne! *Don't cross the bridge before you get to it!* Nul ne connaît l'histoire de la prochaine aurore...

Un temps pour danser

D'heureuses paroles encore. Je les souhaite à mes amis d'ici et de là, au féminin comme au masculin, au meilleur comme au pire de leur vie: «Que votre cœur ne se trouble pas: vous croyez en Dieu, croyez aussi en moi... Je reviendrai et je vous prendrai avec moi, si bien que là où je suis, vous serez vous aussi» (*Jean* 14, 1. 3). «Dieu a tant aimé le monde qu'il a donné son Fils, son unique, pour que toute personne qui croit en lui ne périsse pas mais ait la vie éternelle. La vie éternelle, c'est qu'ils te connaissent, toi le seul vrai Dieu...» (*Jean* 3, 16; 17, 3).

Oui, c'est fou, avec toutes mes limites, je rêve, je rêve toujours de vie et de survie pour un amour durable et unique dans un temps illimité. J'espère ardemment me retrouver un jour, un soir, une nuit, en divine compagnie de Jésus et de Marie, premiers vivants de l'ère nouvelle, avec Moïse, Abraham, Esther, David, Judith, Isaïe, le vieux Syméon, Augustin, Dominique, Thomas d'Aquin, Catherine de Sienne, Thérèse de Lisieux, et j'en passe, Mgr Romero, les martyrs de Tibhérine, Pierre Claverie, J. S. Bach, Gandhi, Martin Luther King, Bouddha, Confucius, Platon, Aristote, Épictète, Pascal, Teilhard de Chardin, et tous les parents et amis partis, celles (bien sûr!) et ceux qui se retrouvent devant l'Éternel. Un moment pour tout faire? Le temps sera venu — enfin! — de danser comme David devant l'Arche, joyeusement, spirituellement, sur la musique de Mozart, de Vivaldi, entremêlée de rigodons et de joyeuses sarabandes! Alléluia!

Vous aurez aussi à remplir, dans le Christ, la charge de sanctification. Par votre ministère, en effet, s'accomplira le sacrifice spirituel des fidèles, uni au sacrifice du Christ: avec eux et par vos mains, il sera offert sur l'autel de manière non sanglante dans la célébration des mystères.

Ayez donc conscience de ce que vous faites; imitez dans votre vie ce que vous accomplissez dans les rites: en célébrant le mystère de la mort et de la résurrection du Seigneur, efforcez-vous de faire mourir en vous tout penchant au mal, et d'avancer sur le chemin de la vie nouvelle.

Homélie pour l'ordination des prêtres

Alain Roy est né à Montréal en 1955 et est prêtre du diocèse de Montréal depuis 1980. Après des études collégiales au Cégep Bois-de-Boulogne, ses études théologiques l'ont conduit à l'obtention d'une maîtrise ès arts en théologie de l'Université de Montréal et d'une licence en théologie dogmatique de l'Université grégorienne de Rome. Il a exercé son ministère pastoral comme vicaire à Verdun et à Laval. Il a été responsable diocésain de la pastorale-jeunesse durant 5 ans. Depuis 1985, il est chargé de cours en théologie sacramentaire au Grand Séminaire de Montréal et à l'Université de Montréal. Il anime des retraites paroissiales et différentes sessions de ressourcement. Il est curé de la paroisse Saint-Urbain à Laval depuis 1990.

Calepin d'un curé

Alain Roy

Lundi matin, huit heures. La plupart des gens commencent leur semaine en se rendant au boulot. Pas moi. Je suis au beau milieu de la mienne. Je suis curé. Je vis à l'envers de la majorité des gens. Ce matin, la levée de mon corps presbytéral est difficile. La fin de semaine m'a tout à la fois comblé et vidé. Alors je me lève un peu plus tard que d'habitude. Ce matin, ni radio, ni télé, ni disque durant la douche. Un besoin de silence. J'ai eu plus que ma ration de décibels durant la fin de semaine. Les miens et ceux des autres. Un curé, ça parle beaucoup... et ça écoute beaucoup. Ce matin, je prends mon temps. J'ai besoin d'être seul. Aidé de mon journal personnel, je fais le bilan de mes activités des derniers jours pour les digérer.

Je me revois vendredi. Ce jour-là, de retour de mon congé hebdomadaire, j'expédie quelques affaires courantes : appels à retourner, réponse au courrier. Bientôt, l'eucharistie de fin d'après-midi. Un coup d'œil aux textes liturgiques du jour pour préparer une courte homélie.

Après l'eucharistie, un peu de sport avec mon confrère voisin. Du squash! Parce que ça m'essouffle et me fait suer. J'ai besoin de faire de bonnes décharges motrices deux ou trois fois la semaine pour me redonner la capacité d'une présence de qualité aux gens que je sers. Le souper suit. L'heure importe peu puisque je vis seul et que j'ai choisi de faire mes repas moi-même. D'abord par souci de simplicité de vie. Je ne veux pas que la paroisse défraie les coûts d'une cuisinière pour une seule personne. Je veux vivre comme tout le monde autant que possible. Ensuite, par désir de liberté. Je ne veux pas être tributaire de l'horaire d'une cuisinière pour déterminer mes heures de repas. Ma nourriture est frugale: je ne suis pas un grand cuisinier.

La soirée commence. Je plonge dans la préparation de deux homélies: l'une pour les trois eucharisties dominicales que je présiderai durant la fin de semaine, l'autre pour le mariage de samedi après-midi. J'accorde beaucoup d'importance à cette préparation. Pour la plupart de mes auditeurs, ce sera le seul enseignement qu'ils recevront sur la Parole de Dieu durant leur semaine. Depuis déjà quelques jours, je laisse mijoter en moi les textes liturgiques. J'ai lu le texte, noté mes premières impressions, cherché la pointe du récit. Des commentaires de biblistes m'y ont aidé et une invocation à l'Esprit n'a pas nui non plus. Les textes m'habitent toute la semaine. Je suis constamment à l'affût d'anecdotes, d'exemples de la vie courante, de comparaisons ou de symboles pour illustrer l'évangile. Je note dans un calepin ou j'utilise un petit dictaphone. Ce vendredi soir, je m'isole dans un coin tranquille de la maison. Pas facile de créer dans un presbytère une atmosphère propice à l'écriture. Le sentiment d'envahissement domine: le téléphone, la porte, le télécopieur, un collaborateur qui travaille dans le bureau de la fabrique. Je m'enferme dans un petit bureau avec mes notes. Il est temps de mettre en ordre tout cela dans une courte synthèse que je souhaite vivante et colorée. J'y ajoute une pointe d'humour. Par tempérament plus que par stratégie pastorale. Rire et faire rire, c'est plus fort que moi. Ma foi rime avec la joie. Et l'attention des gens est tellement plus facile à garder quand on commente la Parole avec humour...

Au bout de deux heures, j'ai une bonne idée de ce que sera l'homélie dominicale. Je la retoucherai le samedi matin et je la pratiquerai deux fois pour bien la maîtriser à l'eucharistie de cinq heures. Je me concentre maintenant sur celle du mariage. Comme je n'en préside pas un grand nombre chaque année, je me permets d'inventer une homélie différente pour chaque couple. Cette fois encore, je m'inspire du métier des époux. J'aime faire des parallèles entre leur occupation, les textes qu'ils ont choisis et leur engagement conjugal. Parfois, ce sera un de leurs loisirs préférés qui m'inspirera. Ce couple est unique à mes yeux. Alors je lui concocte un commentaire très personnalisé. Pour moi, c'est une façon d'aimer. Je conçois des homélies de mariage comme d'autres font de l'artisanat. Je le fais à la fois pour actualiser la Parole de Dieu et pour faire plaisir au couple. Je reflète ainsi au couple ce qu'il m'a inspiré. Les époux sont généralement très touchés de cette attention.

Bientôt dix heures. Je n'ai pas vu le temps passer. Je m'impose d'arrêter. Si je m'écoutais, je continuerais à travailler. La pastorale paroissiale est un univers sans fin. Pour me disposer au sommeil, un peu de détente et de prière. Office des Heures, lecture de la Bible, dialogue avec le Seigneur, écriture dans mon journal.

Et je ne ferme pas l'œil sans avoir lu quelques lignes d'un quelconque roman policier...

La grasse matinée

Samedi, lever vers sept heures trente. Il y a bien longtemps que je ne fais plus la grasse matinée le samedi. Aujourd'hui, c'est toute la journée qui s'annonce «grasse», bien pleine. J'ai bien sûr en tête le mariage en vue duquel je dois préparer mon cahier de présidence et mémoriser un peu mon homélie. Mais je songe aussi au groupe d'adolescents et de jeunes adultes qui viennent ce matin élaborer des projets pour les prochaines semaines. Depuis vingt-deux ans, les jeunes occupent une place de choix dans mes préoccupations pastorales. Tantôt par l'animation du mouvement R[3], tantôt comme responsable diocésain de la pastorale-jeunesse, tantôt comme vicaire puis curé, j'ai toujours consacré au moins un peu de temps aux jeunes. J'imagine mal mon ministère sans eux. C'est comme si cela allait de soi maintenant. J'aime contribuer à leur croissance humaine et spirituelle. J'aime leur dynamisme, leur désir de liturgies vivantes, originales, expressives. J'aime leur générosité, leur folie, leur goût de la fraternité et leur radicalisme. Ils osent des projets qui sortent de l'ordinaire. Ils ont de la couleur. Ils sont sans cesse tentés par l'excès. Leur foi est joyeuse.

Je ne compte plus les heures passées avec l'un ou l'autre qui vit une peine d'amour ou qui s'interroge sur son avenir. Les relations avec les parents, la sexualité, la recherche de Dieu, les chagrins nous donnent l'occasion d'échanger en vérité. J'épanche avec eux ma paternité.

Les rassembler n'est toutefois pas une mince tâche. Je procède toujours un peu de la même façon. Je les convoque autour d'un projet d'engagement que je leur propose et qu'ils sont libres de transformer à leur guise. Un projet qui fait appel à leurs talents et à leur désir d'apporter quelque chose aux autres générations car, contrairement à ce qu'on pourrait penser, les jeunes ne veulent pas réaliser des projets «par les jeunes et pour les jeunes». Ils veulent faire quelque chose à leur manière mais qui rayonne sur toute la communauté. Après coup, un retour sur l'activité s'impose pour intégrer les apprentissages. C'est le moment de proposer un autre projet et c'est ainsi que se dessine une continuité. Les rencontres se font généralement chez moi. Un budget spécial fourni par des bienfaiteurs couvre les frais de pizza et autres dépenses.

L'animation d'une telle équipe me paraît parfois une surcharge à mon travail paroissial. Pourtant, j'ai choisi d'en faire une priorité. Pour eux d'abord. Parce qu'ils sont «comme des brebis sans berger» selon l'expression de Jésus. Ils sont à l'âge où on cherche un chemin. Et à leur âge, j'ai tant cherché le mien... Je ne peux me contenter d'être un spectateur ou un sympathisant de leur quête d'un sens à la vie. Ensuite, je le fais pour l'Église. Pour qu'elle profite du regard neuf des jeunes sur les choses de la foi. Pour qu'elle soit rafraîchie par cette génération porteuse de l'Esprit. Pour qu'elle reçoive d'elle une autre façon de vivre les relations homme-femme et une autre organisation des ministères. Enfin, je le fais pour moi. Pour ma propre espérance et ma propre appartenance à l'Église. Pour éprouver un plus grand plaisir à faire de la pastorale. Pour avoir plus souvent l'occasion de rire, de taquiner, d'inventer des catéchèses originales, de raffiner mes moyens pédagogiques. Pour voir l'Église se perpétuer autrement. Cette affection pour les jeunes remonte peut-être au moment où j'ai perçu un appel du Seigneur à devenir prêtre. J'avais quinze ans. Président de ma classe de secondaire, j'organisais quantité d'activités parascolaires pour les garçons de mon groupe. L'expérience du service des autres et de la présidence d'une certaine vie communautaire a été déterminante. Au même moment, le ministère de notre jeune aumônier et surtout l'exemple de notre professeur titulaire entièrement donné aux jeunes m'ont marqué. Un flash m'est venu: être prêtre, rassembleur, communicateur, organisateur, témoin. C'était l'époque de mes premiers contacts significatifs avec la Bible. Je m'apercevais qu'en la mettant en pratique, j'éprouvais une joie profonde qui donnait sens à ma vie. Ces intuitions ne se sont jamais démenties par la suite.

Sans doute aujourd'hui le contact avec les jeunes ravive-t-il ces dynamismes. Cela vaut bien que je leur consacre un samedi matin.

Après leur départ, je suis essoufflé. Avec eux, les échanges prennent des directions surprenantes et je vois les suites à donner. Trouverai-je le temps? En attendant, j'ai un mariage à présider dans l'église de la paroisse voisine car nous n'avons pas d'église dans la nôtre.

J'avoue que ce n'est pas le ministère que je préfère. Il fut même un temps, je m'en confesse, où je détestais préparer et présider un mariage. La plupart du temps, l'atmosphère se prête mal à la prière. Un embarrassant folklore entoure encore la célébration du mariage qui ressemble d'ailleurs davantage au couronnement d'une princesse qu'à un rassemblement de prière. Le futur époux passe généralement dans l'ombre. Toute la lumière est braquée sur la future épouse. C'est la liturgie la plus sexiste que je connaisse. De plus, l'attention des invités est difficile à soutenir. Heureusement, le dialogue établi préalablement avec le couple et la préparation soignée de l'homélie m'aident à dépasser l'accessoire. J'essaie de faire de cette célébration une authentique rencontre. J'utilise un ton et un vocabulaire familiers. Je cherche à créer une ambiance favorable à la communication. Je parle au couple et à ses invités dans le blanc des yeux, comme un grand frère. Maintenant que j'ai trouvé ma manière de procéder, je suis plus à l'aise. Mais encore trop souvent, à la fin d'une célébration de mariage, je ne suis pas convaincu d'avoir construit l'Église.

La célébration achevée, je reviens en vitesse au gymnase de l'école où je présiderai l'eucharistie de cinq heures. L'inconvénient du déplacement est amplement compensé par les avantages de célébrer dans une salle polyvalente. L'aménagement de l'espace liturgique permet une communication facile. La disposition de la salle change selon les besoins liturgiques. Durant les Jours saints notamment, nous exploitons la mobilité de notre décor. Notre espace liturgique se prête à une grande créativité. C'est très important pour moi. J'aurai du mal à me reconvertir à une église éventuellement. Je désespère de présider des liturgies signifiantes dans d'immenses cathédrales quasi désertées. À l'ère de la communication, je ne peux concevoir que l'on continue de célébrer dans des églises dont la disposition du mobilier éloigne les gens les uns des autres et du président. Pour être à l'aise dans ma présidence et ma prédication, j'ai besoin de mobilité, de proximité et de bonnes conditions acoustiques. Je retrouve tout cela dans la modeste salle de l'école où s'achève maintenant l'eucharistie de cinq heures. Peu de gens sont venus, et, en fin de journée, le climat est à une certaine passivité. Célébrer le samedi une eucharistie «dominicale» ne serait-il pas devenu un luxe? Avons-nous ecclésialement les moyens de continuer cette pratique? Toujours est-il qu'après la célébration, je m'attarde avec quelques personnes. Il est bien rare que je puisse quitter tout de suite après l'envoi.

La fièvre du samedi soir...

Je rentre finalement chez moi. Surexcité par cette journée bien remplie, j'ai besoin d'une heure de détente avant de pouvoir manger. J'apprécie le calme de mon salon. J'habite un bungalow agréable qui ne ressemble en rien à une institution religieuse. Là encore, j'apprécie la différence par rapport à un presbytère traditionnel. Comment ferai-je pour retourner vivre dans un presbytère? Je ne sais pas, mais cela m'inquiète déjà. J'aime l'atmosphère séculière de cette maison. J'ai le sentiment d'y mener une existence semblable à celle des paroissiens. Achat de mes aliments, préparation des repas, lavage et repassage de mon linge, déblaiement de la neige: autant de tâches que je me réserve et qui m'aident à mesurer les contraintes de temps des gens. Je veux me faire servir le moins possible. Au nom de l'Évangile d'abord. Mais aussi par solidarité avec les paroissiens qui, bien que très occupés comme moi, prennent part aux tâches ménagères. Je serais mal à l'aise de ne pas en faire autant. Déjà que le ménage de la maison est confié à quelqu'un d'autre...

Le samedi soir, je sors de moins en moins. Ce n'était pas le cas à mes premières années de ministère alors que les nuits courtes ne m'empêchaient pas d'être joyeusement au poste le lendemain. Maintenant, c'est différent. À l'occasion, une fête de famille ou une visite à des amis est possible, mais généralement je reste chez moi. Parfois, des confrères viennent regarder le hockey et prendre un digestif. Mais le plus souvent, je reste seul... et je ne m'en plains pas. Je vois tellement de gens durant un week-end que le samedi soir, c'est moi que je veux voir! S'il est vrai qu'un prêtre vit une certaine solitude, en paroisse il peut tout aussi être confronté à un manque de solitude. Pour ma part, j'ai besoin de doser savamment solitude et vie sociale. Je souffre plus souvent d'une overdose de rencontres que d'ennui. Ma «fièvre du samedi soir», ce n'est pas d'aller danser, c'est de récupérer en vue du lendemain. Le dimanche matin me demandera beaucoup d'énergie. Vaut mieux que j'en emmagasine le samedi soir... Alors pourquoi ne pas en profiter pour faire simplement un peu de repassage?

Les beaux dimanches

Mes frères me taquinent. Ils prétendent que je ne travaille qu'un avant-midi par semaine: le dimanche, bien sûr. Si la réalité est tout autre, il n'en demeure pas moins que le dimanche matin est pour moi source et sommet de ma vie presbytérale en paroisse. Parce que j'y rencontre l'assemblée. Mon langage me trahit. Je dis «assemblée» et non «communauté». Pour moi, les paroissiens forment une assemblée sans nécessairement avoir entre eux des liens fortement communautaires. Pour la plupart, ils ne souhaitent pas aller jusqu'à faire communauté. Ils veulent célébrer leur vie avec d'autres, la confronter à la Parole de Dieu et s'engager, seul ou avec d'autres, à transformer le monde.

L'assemblée dominicale n'a pas l'allure d'un petit regroupement fraternel même si j'essaie, avec d'autres, de la rendre chaleureuse et communicative.

Cela ne m'empêche pas d'être profondément heureux le dimanche matin. Parce que dans une atmosphère de joie et d'amour, j'accueille, je réunis et je guide par la Parole de Dieu des centaines de personnes que j'aime. J'en oublie mes soucis ou ma fatigue. Quand je me retrouve face à elles, que je leur signifie le Christ qui est leur vis-à-vis, toute ma vie prend son sens. Quand, durant l'homélie, je perçois dans les yeux de mes auditeurs une lueur nouvelle qui atteste qu'ils viennent de saisir comment l'évangile entendu peut s'incarner dans leur vie, je suis transporté. Après plus de vingt ans de prédication, j'éprouve encore une joie indicible quand je sens que j'ai contribué à faire comprendre la Parole de Dieu et ses conséquences dans le quotidien. Le ministère de la Parole est au cœur de ma vie. Je mets à son service le goût du théâtre et de la poésie que je me suis découvert depuis mes études au Cégep. J'observe et j'écoute les bons communicateurs, les artistes, les monologuistes, les conteurs ou certains humoristes. Les mises en scène de théâtre m'inspirent. Je lis sur la communication verbale. Bref, je mets tout en œuvre pour faire de l'homélie une communication féconde.

Le dimanche matin, j'ai l'impression plus que jamais que je vis en amour. C'est pour vivre ce rapport, cette alliance, que je suis devenu prêtre. C'est pour ces personnes que j'ai choisi de vivre célibataire et de me contenter d'un revenu modeste. Chaque semaine, j'ai hâte au dimanche matin pour les revoir. Avec le temps, j'ai appris le nom d'un bon nombre de paroissiens. Je connais leur histoire personnelle et familiale. Je me doute de ce qu'ils déposent secrètement dans la patène et la coupe à l'offertoire. Je choisis mes exemples d'homélie en fonction de l'un ou l'autre qui saura, je l'espère, se reconnaître et trouver une piste d'espérance pour sa vie. Avant ou après les célébrations, je reçois les confidences des uns, les bulletins de santé des autres. Les conversations s'éternisent sur le seuil de la porte à propos d'une bribe d'homélie ou d'un événement récent. Les moindres attentions comptent: m'inquiéter du sort de Marianne, faire mémoire de Marcel et de ses funérailles, embrasser un nouveau-né, taquiner un adolescent, sécher un pleur sur une joue ridée, écouter la mère soucieuse de son fils. C'est le temps de l'amour. C'est ainsi, nous dit le cardinal Martini, que Paul exerçait son ministère. Quelque chose du Christ passe dans cette fraternité spontanée. C'est Jésus au milieu de la foule qui se laisse toucher, qui prend des enfants dans ses bras, qui libère l'adultère, qui rend grâce pour l'œuvre de son Père, qui se soucie d'un malade, qui s'émeut de la perte d'un être cher. C'est Jésus qui enseigne dans le Temple, qui donne son cœur et sa vie pour les bénis de son Père. Ça se passe tous les dimanches dans notre salle d'école, mais surtout dans mon cœur. Mon cœur d'homme et de pasteur. Ça se passe dans et par ma propre existence. Et cela m'émerveille de communier ainsi au Christ pasteur de son peuple. Le dimanche, la relation pastorale est vécue en condensé. Mais c'est la même relation pastorale qui est en jeu et qui donne sens à ma vie quand, durant la semaine, je visite le jardin de l'un ou que je prends un repas chez l'autre. C'est le même désir de guider et de nourrir qui me fait passer une heure avec un couple en crise ou avec une agente de pastorale qui veut faire le point sur sa vie et sur son travail. C'est encore l'amour qui me conduit à l'hôpital pour accompagner un mourant ou à l'Oratoire Saint-Joseph avec un groupe de jeunes. Quand de jeunes parents viendront lundi soir réfléchir au sens du baptême qu'ils demandent pour leur enfant, j'aurai au cœur le souci qu'ils rencontrent à travers moi le Christ pasteur.

Quand je quitte la salle de l'école, le dimanche midi, j'ai mal aux jambes et la voix un peu éteinte. En moins de vingt-quatre heures, j'ai célébré trois fois la même chose. J'ai dit les mêmes paroles et les mêmes prières trois fois. C'est exigeant de ne pas céder à l'automatisme. De présider chaque fois avec enthousiasme et intériorité comme si c'était la première fois. De prier en faisant prier les autres. C'est fatigant de passer des heures debout, de parler longuement, mais surtout d'être constamment en présence. D'être le vis-à-vis de l'assemblée. D'être toujours vu, observé, scruté dans ses paroles comme dans ses gestes. D'être toujours celui qui parle. Celui dont on vérifie l'humeur, la tenue, le discours. J'envie parfois les paroissiens calés dans leur banc qui n'ont qu'à écouter un autre leur commenter la Parole. J'aimerais moi aussi me laisser instruire par un autre en me dissimulant dans l'anonymat de la foule.

Je rentre chez moi. Je refuse une invitation à dîner avec des paroissiens. J'ai besoin d'une pause solitaire avant les baptêmes de cet après-midi. Une heure plus tard, dans une église voisine, je préside le baptême de cinq enfants. L'atmosphère est celle d'un pique-nique paroissial. Dans un certain brouhaha qui témoigne d'une indifférence agaçante envers les lieux sacrés, les familles se rassemblent dans l'attente d'un rite qu'ils souhaitent tout de même parlant. Malheureusement, l'heure n'est pas à l'intériorité, mais j'essaie de faire parler les symboles et les textes bibliques. Je veux simplement que cette liturgie fasse sentir que ces enfants sont aimés de Dieu et de l'Église. Et quand, à la fin, on me demande de poser pour les photographes, j'accepte volontiers à condition de prendre le poupon dans mes bras. Le geste a valeur de symbole: au sourire des gens, je devine qu'ils ont perçu que c'est le Seigneur qui prend l'enfant avec lui.

Un deuxième quart de travail

Bientôt quatre heures. Je ne veux plus voir un chrétien! J'arrêterais volontiers mon travail. Habituellement, je vais visiter mes parents le dimanche soir. Mais ce soir, un dernier rendez-vous m'attend: une catéchèse sur les sacrements pour les fiancés du secteur qui se préparent au mariage. Alors, pour me refaire un peu, je fonce vers la piscine d'un club sportif dont je suis membre. Alternance de natation, bain sauna et tourbillon. Douche. Un léger repas et je repars.

La rencontre avec les fiancés est tout un défi. Présenter les sacrements à des gens qui ne les pratiquent habituellement pas, ce n'est pas du gâteau. Et pourtant, j'adore m'attaquer à cette tâche. J'emploie toutes sortes de trucs pédagogiques: travail d'équipe, accessoires hétéroclites, chanson, humour, expérience de chimie, exposé magistral. Le climat de la préparation au mariage dans son ensemble a changé depuis dix ans. Les fiancés sont beaucoup plus ouverts au spirituel qu'avant. On ne craint plus le ridicule en leur parlant du Christ et de l'Église. Très ignorants de ces choses, ils sont curieux de tout ce qui pourrait baliser leur route personnelle et conjugale. À la fin de la soirée, l'échange n'en finit plus. Ils me questionnent sur ma vie presbytérale, blaguent, se confient. Je me sens le grand frère d'une trentaine de jeunes qui, il y a deux heures à peine, étaient de parfaits inconnus.

Je rentre chez moi vers dix heures trente. Je suis vidé. Me coucher serait inutile. J'aurai besoin de deux bonnes heures de détente avant d'aller dormir. La prière m'y aidera. C'est une prière de capitulation et de récapitulation... En effet, j'y récapitule en offrande tout ce que fut ma journée et quand j'en ai fait le tour dans mon journal personnel, la capitulation se fait d'elle-même... Dodo!

Les journées«normales»

En ce lundi matin donc, j'ai beau me remémorer cette longue et trop pleine fin de semaine, j'éprouve malgré tout un remords diffus à l'idée de ralentir le rythme et de prendre mon temps. C'est un sentiment partagé par un bon nombre de prêtres. Nous nous sentons facilement coupables d'arrêter, d'être à ne rien faire. Il y aurait encore tant à faire justement. Un coup d'œil sur le pupitre nous en convainc rapidement. Des gens attendent un retour d'appel, un rendez-vous, un service. Le fait de vivre seul et dans notre lieu de travail nous expose à la sollicitation perpétuelle.

On me reproche souvent d'être difficile à joindre. Je réponds que c'est faux: je suis au contraire très rejoint, trop rejoint même. Quand on ne peut me rejoindre, c'est que d'autres l'ont fait avant. D'abord, en raison de ma sensibilité, je suis un homme très rejoint par ce que vivent les gens que je sers. Ensuite, en raison de ma disponibilité, je suis très sollicité par toutes sortes de gens pour toutes sortes de raisons. Je réponds à un grand nombre de demandes. Pendant que j'y réponds, je ne peux être ailleurs. Je ne peux être au comptoir et dans l'arrière-boutique en même temps. Je ne peux répondre à tout. Avant j'essayais, maintenant je renonce. Mais cela me demande une discipline chèrement acquise au fil des ans. J'ai payé de ma santé ou de ma joie de vivre de vouloir remplacer l'Esprit Saint. Alors ce matin, je me fais violence. Je résiste à la tentation de m'asseoir à mon pupitre ou de prendre le téléphone. Je flâne un peu, je fais quelques courses, je respire, je me tais.

Les lundis et les mardis, le midi, je vais manger mon lunch avec l'équipe pastorale de la paroisse voisine. Cela me force à quitter la maison dont je ne sors parfois pas de la journée. Je retrouve des collègues qui ont les mêmes préoccupations que moi. Mais surtout, ils aiment rire. Dans ce partage informel, je trouve un support à ma vie pastorale comme à ma vie personnelle.

Au retour, je replonge dans les affaires courantes, la préparation de l'homélie du dimanche suivant, le paiement de factures, les téléphones, le mot pour le *Feuillet paroissial*, alouette! L'accompagnement spirituel prend aussi beaucoup de mon temps. J'ai toujours privilégié ce ministère qui favorise une vraie croissance spirituelle. C'est pour moi l'occasion de voir de près l'action du Seigneur. Ma propre foi s'en trouve confortée. J'y consacre beaucoup de temps.

Puis c'est l'eucharistie en fin d'après-midi et le soir, les inévitables réunions des différents comités. Car c'est le soir des premiers jours de la semaine que les gens sont disponibles. Oublions pratiquement les soirées du jeudi et du vendredi. Tout curé peut le dire: des semaines d'avance, nos soirées sont réservées à toutes sortes de rencontres. Je reconnais l'importance d'un certain nombre d'entre elles. Mais je m'interroge sur cette façon de faire Église qui épuise les agents de pastorale. Le théologien dominicain Yves-Marie Congar estimait que l'ascèse des réunions répétées dispensait les prêtres de pratiquer une autre forme de privation ou de pénitence. Alors qu'il était évêque du Mans, en France, Monseigneur Étienne Gilson a demandé aux prêtres de son diocèse de limiter à deux par semaine les réunions en soirée et de les terminer au plus tard à neuf heures trente. C'est le signe d'un problème pastoral. Personnellement, je m'inquiète du trop grand nombre de ces assemblées qui prolongent nos journées et qui s'ajoutent, il faut le dire, aux autres convoquées au niveau sectoriel, régional ou diocésain. Le plus triste, c'est que la plupart d'entre elles ne sont pas des rencontres. Elles sont pensées et vécues sous le mode de la production, du rendement, comme on le fait dans l'industrie ou dans la fonction publique. Sommes-nous inexorablement condamnés à passer une si grande partie de notre vie pastorale en réunion? La vie chrétienne et ministérielle peut-elle prendre un autre visage? Jésus vivrait-il ainsi?

Les lundis et mardis, quand la soirée se termine, il est dix heures. Le sommeil tarde à venir. La détente s'impose. Pourtant, souvent, il y a encore des choses à faire avant d'aller dormir.

Au septième jour...

«Dieu chôma», dit la Genèse. Quand sonnent les douze coups de midi le mercredi, j'essaie d'imiter le Créateur. Mon congé commence. Un match de hockey avec des confrères l'inaugure. Pour moi, c'est sacré. J'ai besoin de cette activité physique violente tout autant que de la fraternité avec les autres joueurs. Après le match, je fais mes bagages. Direction: le chalet de mes parents. J'ai cette chance et je l'apprécie. J'y vais le plus souvent seul. Lequel de mes amis laïques pourrait se libérer en milieu de semaine? Là encore, je constate que je vis à contre-courant de tout le monde. C'est en congé que je mesure le plus la solitude inhérente à mon choix de vie. Au chalet, j'apporte avec moi les notes à compléter pour telle session que j'animerai sous peu pour des agents de pastorale ou pour une prochaine retraite paroissiale dans un diocèse voisin. J'ai besoin de garder un pied en dehors de la paroisse. En même temps que le ministère paroissial, j'ai toujours exercé une tâche d'enseignement, de prédication, d'animation ou d'écriture. Je le fais pour moi. Pour le plaisir de faire autre chose, d'exercer d'autres talents. Je profite du recul que me procure le chalet pour lire, inventer, rédiger. Bon an mal an, je lis vingt-cinq ou trente livres. Mais je ne fais pas que cela au chalet. Vélo, canot, pêche, marche en forêt, magasinage et surtout, la sainte sieste. Les trente-six heures de congé passent en un éclair. Je rentre le jeudi soir. Parfois j'ai le temps d'aller saluer des amis. Ils sont bien patients et compréhensifs, mes amis. Ils acceptent de composer avec mon genre de vie. Ils cherchent parfois leur place dans mon agenda. Ils consentent à une certaine irrégularité dans nos contacts. Je suis le premier à en souffrir, car ils sont nécessaires à mon équilibre. Mais du fait que mon travail est d'ordre relationnel et qu'il est envahissant, je n'arrive pas à rencontrer tout le monde qui fait partie de ma vie à un titre ou à un autre. C'est peut-être l'ascèse que je trouve la plus difficile dans mon ministère. Je recherche continuellement le juste dosage de service de la communauté, de présence à la famille et aux amis, et de solitude. Le jeudi soir n'est certes pas suffisant pour donner aux amis la place qui leur revient. J'essaie de garder du temps à d'autres moments pour tous ceux que j'aime, mais je constate mes limites. D'autant plus que le lendemain, une autre fin de semaine très remplie se profile.

Prophète de l'Exil

Voilà vingt ans que je suis prêtre. J'aime mieux ma vie de prêtre aujourd'hui qu'à mes premières années d'ordination. Je vois mieux mes limites maintenant. Je perds mes naïvetés par rapport à l'Église et à l'impact de mon ministère. Je suis conscient que je ne changerai pas le monde. Ma contribution est une goutte d'eau dans l'océan. Je ne suis pas le prêtre parfait. Je ne suis qu'un des multiples reflets du Christ pasteur. En même temps, je me découvre plus habile qu'avant à faire comprendre l'Évangile ou à désamorcer la crise intérieure d'une croyante ou d'un couple en difficulté. L'expérience me donne des habiletés nouvelles. J'aime les jeunes plus librement et plus gratuitement qu'avant. Je suis moins intransigeant à l'égard des situations ambiguës et des progrès qui tardent à se faire. Je compte moins sur mes seules forces pour assurer l'avenir de l'Église. Je ressens mieux la fraîcheur de l'Évangile dans l'aridité de la vie actuelle.

Il me semble que l'Église d'aujourd'hui est déjà plus pauvre que celle du temps de mon ordination. Moins de budget, moins de temples, moins de ministres ordonnés, moins de communautés religieuses, moins de jeunes, moins de pouvoir politique, moins de nouveauté liturgique, moins de projets emballants, moins de certitudes. La tendance s'accentuera, selon moi. Je me purifie moi-même graduellement de mes motivations premières. J'apprivoise cet appauvrissement comme une voie vers une rencontre inédite du Seigneur. Je vois notre Église comme le peuple d'Israël quelque part entre le Temple et l'Exil, obligée de se détacher de tant d'avantages, obligée de s'en remettre totalement à Dieu, mise en situation de se fier à la présence de l'Esprit en elle.

Depuis quelque temps, je me mets à lire l'histoire et les paroles des prophètes du temps de l'Exil. Je pressens que, dans la deuxième partie de ma vie, leur expérience va m'inspirer de continuer à accompagner un peuple dépossédé de ses richesses, de ses privilèges, de son confort, de sa majorité, de son ascendant social. Un peuple, un tout petit peuple. Mais peuple... de Dieu.

Une journée-type

Tous les jours de la semaine ne se ressemblent pas entre eux. Mais tous les lundis ou tous les mardis sont comparables. Ainsi, l'horaire du mardi prend l'allure suivante.

7 h	Lever
8 h	Préparation de l'office célébré avec les paroissiens et de l'homélie de l'eucharistie qui suivra
8 h 15	Office des Heures avec les paroissiens dans la chapelle du presbytère
8 h 30	Célébration de l'eucharistie
9 h	Petit déjeuner et prière personnelle
9 h 30	Affaires courantes, ou rencontre de secteur, de région ou d'un comité diocésain, ou encore rencontre d'accompagnement spirituel

Midi	Repas avec mes collègues de la paroisse voisine ou avec un des confrères que j'accompagne
13 h	Affaires courantes dans mon bureau, quelques courses
17 h	Pause et préparation de mon repas.
19 h 30	Réunion d'un comité paroissial
22 h	Quelques appels téléphoniques plus personnels, prière personnelle, correspondance
	Un coup d'œil aux informations télévisées
Minuit	Coucher

André Tiphane est prêtre diocésain au service de l'Église de Montréal. Né à Laval en 1961, il a obtenu un baccalauréat en informatique de l'Université de Montréal en 1983. Il a ensuite complété ses études de baccalauréat en théologie au Grand Séminaire de Montréal en 1987. Ordonné prêtre en 1988, il occupera des fonctions de vicaire et d'administrateur paroissial avant d'aller compléter une maîtrise en sciences de la mission à l'Université Saint-Paul (Ottawa), en 1993. Depuis, M. Tiphane est curé responsable d'une unité pastorale formée de trois paroisses du nord de Montréal. Depuis 1993, il est membre de l'équipe de rédaction de *Prions en Église* et *Rassembler,* et membre de la table de réflexion de l'Institut de pastorale des Dominicains sur le suivi du dossier *Risquer l'avenir.* Soucieux des conditions de la transmission de la foi en milieu urbain, il s'intéresse en particulier à l'étude des croyances religieuses des québécois et québécoises d'aujourd'hui.

Un défi de taille

André Tiphane

«C'est bien, toi, tu n'as pas l'air d'un prêtre!», me lance-t-on parfois... Cela m'est adressé comme un compliment, et je l'accueille ainsi. Mais, quand on y pense, voilà qui est plutôt étrange: il m'est avantageux de ne pas avoir l'air de ce que je suis! L'image du prêtre à laquelle on se réfère spontanément est souvent celle d'un homme triste, éteint, bourru et fermé sur lui-même.

Je ne corresponds pas à cette image. Je me considère heureux et en vie. Mon ouverture au monde et aux personnes est assez normale, je crois. Et si je vis des difficultés comme tous les êtres humains, je n'hésite pas à m'engager à nouveau chaque jour dans la mission bien particulière qui m'a été confiée.

On me considère encore comme un jeune prêtre; avec le peu de personnes actuellement ordonnées au ministère presbytéral, je risque de rester longtemps un «jeune prêtre»... Cependant, au cours des douze années écoulées depuis mon ordination presbytérale, j'ai beaucoup réfléchi sur le sens de la mission et de la vie du prêtre. Les divers morceaux de pavé qui composent le chemin parcouru jusqu'à aujourd'hui me fournissent une matière abondante pour présenter ce que je considère comme étant des clés de bonheur pour moi, sous un angle bien précis, celui de mes rapports à une institution bien particulière (dont je fait par ailleurs partie): l'Église catholique.

Ceux qui espèrent des détails croustillants seront vite déçus. Je livre simplement ici quelques faits qui ont jalonné ma brève expérience. Des faits qui auraient pu me décourager ou parfois même me faire décrocher, d'autres qui m'ont au contraire soutenu dans cette mission. Aujourd'hui, je suis encore bien vivant et, surtout, heureux. J'espère, en ces quelques lignes, démontrer que mon bonheur n'en est pas un à l'eau de rose: il s'est construit à partir de choix parfois difficiles. Quand j'aurai la sagesse que seules les années pourront me procurer, je pourrai probablement aller plus loin et affirmer qu'il n'est pas de bonheur vrai sans ces décisions parfois déchirantes qui nous font devenir ce que nous sommes.

Au cours de ces premières années de ma vie de prêtre catholique, j'ai dû me situer par rapport à cette institution séculaire qu'est l'Église. Dans son incarnation la plus proche de moi, cette institution se présente sous les traits de tel ou tel responsable, de telle ou telle décision prise par l'une ou l'autre des instances qui font fonctionner cette immense organisation. Dans un monde qui remet sérieusement en question la légitimité de l'Église en tant que Corps du Christ, véritable prolongement de la vie et de la mission de Jésus, comment ma vie de prêtre peut-elle trouver un sens? J'espère, par ce bref témoignage, aider lecteurs et lectrices à répondre à cette question que je me suis moi-même posée plus d'une fois.

Bien sûr, on ne devient pas prêtre pour l'institution. Ce n'est pas ce que j'ai fait. Mais je le suis devenu *dans* et *par* cette institution. Librement et sans contrainte. Évidemment, je l'ai fait sans pouvoir me douter de tout ce que cela voulait dire. Je suis devenu prêtre simplement par amour du monde, car je crois que seul l'Évangile de Jésus Christ conduit au bonheur vrai.

Voici donc quelques réflexions tirées des premières années de ma vie de prêtre. Je regarde maintenant plusieurs de mes décisions comme autant de défis lancés à une institution (ou à moi-même?) qui a parfois de la difficulté à s'accepter comme telle. Avec le recul, une question mijote en moi: finalement, ces défis que je lance concernent-ils des choses que j'ai à régler avec l'Église, ou avec moi-même?

Le défi du mouvement

Août 1987: je débute mon stage pastoral à temps plein. Après quatre années d'études au Grand Séminaire de Montréal, cette entrée dans le monde paroissial — cette fois-ci par la porte du presbytère — constitue pour moi une étape importante et décisive de mon cheminement vers le presbytérat.

Mon «temps de séminaire» est terminé... Soulagement? Pas vraiment. J'ai apprécié ces années passées tantôt à étudier, tantôt à réfléchir, à prier ou à m'engager dans un secteur ou l'autre de la vie de cette institution bien particulière. Comme n'importe quelle organisation, elle a ses défauts et ne peut échapper aux nombreuses critiques dont notre monde est capable.

Affublée de nombreux sobriquets — le grand cimetière, la serre chaude —, cette institution ne m'apparaît, somme toute, ni plus ni moins «serre chaude» que la plupart des autres institutions que j'ai fréquentées. Mon expérience de trois ans en sciences informatiques à l'université m'avait permis de découvrir là aussi un milieu relativement fermé sur lui-même et lent à intégrer les nombreux et rapides changements de la société. Somme toute, je crois qu'un groupe de personnes, quel qu'il soit, est animé d'une sous-culture propre à lui; pour survivre, le groupe doit être un tant soit peu étanche aux nombreuses secousses du monde extérieur. Je crois cependant que, dans le domaine de la théologie, cette étanchéité doit être réduite au minimum. Je dis souvent qu'on ne peut faire de théologie sans connaître le prix d'une livre de beurre!

Au cours de mes premières années de formation, j'ai souvent décrié des situations que je considérais insoutenables: de la qualité de certains cours à l'aménagement du salon étudiant, en passant par la durée des homélies et le règlement académique. Lorsque quelque chose m'apparaissait inadéquat, j'en parlais. Je suis frappé par l'impressionnante force d'inertie des grandes institutions, ecclésiales ou non. J'ai appris à être patient, mais je lève la main souvent. Cependant, je ne suis pas un *boycotteur*: si ça ne va pas, je fais des représentations, je revendique, je dénonce, mais je reste de la partie. Un exemple: je me souviens de ces douches tellement malpropres au séminaire. On commence par en parler entre nous, démarche pertinente au départ mais rapidement stérile si elle ne débouche pas sur autre chose. On en parle à des directeurs, au recteur. La situation ne change pas. On décide de laver une douche et de faire venir le responsable pour lui montrer la différence. Beau travail, les gars! Mais rien ne change. Ultime avis: je contacte le service de salubrité de la municipalité. Une inspection est envisagée. Beau joueur, j'en avise le responsable du séminaire. Le lendemain, la situation est corrigée...

Au hockey, on joue toujours avec un entraîneur imparfait sur une glace imparfaite. Certains passeront leur vie à vouloir changer d'équipe, d'autres à changer d'entraîneur, d'autres à rouspéter contre la glace. D'autres décideront de ne plus jouer au hockey. Je me définis plutôt comme celui qui continuera de faire partie de l'équipe et qui tolérera beaucoup des défauts de l'entraîneur. Mais qu'il ne s'attende pas à ce que j'étouffe les problèmes. On peut faire avancer beaucoup de choses par l'attention à l'autre, le dialogue, la persévérance et... beaucoup de patience! Cela va se vérifier dans les années qui vont suivre.

C'est ainsi que je me présente, valise à la main, à cette communauté paroissiale. On se connaît déjà: au cours de ma dernière année d'études, je m'étais inséré dans cette paroisse par différents engagements. Le climat est agréable; nous sommes quatre à habiter un presbytère bien entretenu. Une certaine fraternité nous unit. La vie en commun nous apprend à découvrir les traits de caractère de chacun. Un peu comme une vie de famille, quoi!

Après quelques mois, surprise: le curé quitte la paroisse. Fatigué, il a besoin de repos. Je me retrouve donc «stagiaire sans tuteur», une catégorie qui n'existe pas sur papier! En attendant la nomination d'un nouveau curé, les autorités demandent à un des prêtres demeurant au presbytère d'assurer l'administration paroissiale, en surplus de ses tâches déjà nombreuses. Je me retrouve donc pratiquement seul. La tâche est lourde, mais à vingt-six ans, on est capable d'en prendre...

Malgré ce premier contretemps, rien ne semble vouloir ébranler mon bonheur personnel. Je me rends compte que mon bonheur dépend bien davantage de mon attitude personnelle que de celle des autres. Lorsque je laisse la fatigue s'accumuler, elle prend le dessus sur moi, et alors bien des choses s'embrouillent. Je me mets à vouloir que les autres soient autrement. Je jette des sorts à tout ce qui ne fait pas mon affaire, et ça ne règle rien, bien au contraire. Je réalise tranquillement que ce n'est que dans la mesure où je conserve un bon équilibre de vie que je suis capable de retrouver la joie.

C'est donc sans grande amertume que je vole allègrement vers mon ordination presbytérale. Celle-ci est célébrée dans la joie et la fête, le 28 août 1988. Cependant, toujours pas de curé en vue... Je suis nommé vicaire paroissial d'une paroisse sans curé. Nous frisons le ridicule. Persuadé que la situation ne s'améliorera pas tant qu'il ne sera pas parti, le prêtre-administrateur quitte donc le presbytère quelques jours après mon ordination. Me voilà tout fin seul. Je suis nommé administrateur paroissial, «sans préjudice à ma tâche de vicaire à cette même paroisse»! Le ridicule ne tue pas, la preuve en est faite. Ma vie de prêtre débute d'une façon bien particulière.

L'affaire fait jaser. Comment peut-on laisser un jeune prêtre seul, responsable d'une paroisse comptant dix mille familles? Je commence moi-même à m'impatienter, sans pour autant perdre la ferveur et l'enthousiasme du débutant. J'appelle pratiquement tous les jours à l'évêché, pour rappeler que j'existe. Je m'informe ainsi, tout simplement, de l'évolution de la situation... Il n'est plus facile de trouver un prêtre disponible pour une telle responsabilité. Mais, enfin, deux mois plus tard on a trouvé! Fini le pain noir, me dis-je, dans la belle innocence de mes vingt-sept ans...

C'est donc dire que, dès les premiers mois de ma vie presbytérale, je touchais de très près à une difficulté qui affaiblit plusieurs organisations: la force d'inertie. La difficulté de bouger. La lenteur à réagir. Moi, le «petit vite», il me semblait que j'aurais réglé ça autrement et bien plus rapidement. Les années m'ont appris que ça ne sera jamais assez vite pour moi. J'ai réalisé que le «défi du mouvement» que je lançais alors à notre Église diocésaine s'adressait également à moi: mon exigence de performance envers les autres n'est valable que dans la mesure où elle s'accompagne d'un engagement de ma part à accepter moi aussi de changer de vitesse.

Ainsi se dessinait pour moi un élément important pour dénicher le secret du bonheur. L'ouverture à la réalité et aux personnes va me permettre de mieux comprendre ce qui se passe; je pourrai ainsi ajuster mes interventions et les rendre plus efficaces. Mes attentes en deviennent plus réalistes: que de frustrations sont ainsi évitées!

Le défi de la transparence

Octobre 1988. Un curé est donc enfin nommé pour la paroisse où je suis vicaire. Je suis maintenant un vrai vicaire, un vicaire avec curé.

Cela est plus normal; voilà une configuration qui me semble avoir du bon sens. Je ne courrai plus comme une poule sans tête. J'anticipe avec une certaine fébrilité la suite: on se partage des dossiers, on fait équipe et tout le monde va être content.

Erreur: je ne suis pas au bout de mes peines, loin de là. L'équipe ne surgit pas; son existence supposerait l'engagement des deux inté-ressés, ce qui n'est pas le cas. Je n'ai pas à juger du cheminement de celui avec qui je travaille. Mais une chose est claire: cela ne fonc-tionne pas. Patience, me dis-je. Mais nous voilà à l'automne 1989 et la situation ne fait que se détériorer. Je n'accepte pas d'être le complice silencieux d'une situation inacceptable. J'en fais part aux autorités dio-césaines qui me font comprendre qu'elles sont déjà au courant de la situation. «On laisse passer les fêtes, et on réglera ça ensuite», me dit-on. Bon, d'accord, je veux bien patienter encore un peu.

Arrive le 9 janvier. Je rapplique. Après tout, les fêtes sont passées, non? On m'avoue que, au moment de nommer mon collègue, les problèmes étaient connus, et qu'on avait espéré que cela se réglerait à mon contact! C'est donc cela. Ça m'apprendra à être fin. Quand tu fonctionnes bien, on te confie des tâches qu'on ne confierait pas à quelqu'un qui a des problèmes. C'est normal. Mais quand le tout se fait de façon occulte, là, je ne marche plus.

Moment sombre de ma vie. Je reste vivant, mais je deviens moins joyeux. Mes relations humaines demeurent cordiales, mais plus tendues. Dans mes rapports avec l'appareil ecclésiastique, tout n'est pas noir: s'il y a des difficultés dans un secteur, cela n'efface pas mon appréciation pour plusieurs autres qui fonctionnent bien. Je collabore à d'autres niveaux, d'une façon qui me semble correcte. Cependant, je demeure sarcastique, conséquence de ma fatigue et de mon exaspération. Cela doit être fort désagréable pour mon entourage. Il semble que ce soit là le seul canal que je trouve pour exprimer ma frustration. Avec le recul des années, je constate que ces premières expériences douloureuses marquent mes rapports avec l'appareil administratif: je demeure critique et très prudent dans mon engagement.

Je m'aperçois que je saute au plafond lorsque l'on me traite comme un enfant. Si on m'avait expliqué la situation au départ, j'aurais pu peser le pour et le contre et, éventuellement, accepter de m'engager dans ce projet «réintégration» de mon confrère. Mais, n'étant au courant de rien, ignorant la mission secrète qui m'était subtilement confiée, je n'ai pu ni venir voir les coups, ni intervenir au moment opportun. Résultat: quinze mois très difficiles, pour lui comme pour moi, avec les conséquences que l'on peut imaginer sur les membres de la communauté paroissiale. Au cœur du jeune prêtre que je suis, un goût amer. Quelques mois après avoir promis à mon évêque de vivre en communion avec lui, me voilà en train de revendiquer, de harceler, de contester afin que ma situation soit entendue. Quelle misère! C'est beaucoup me demander. Il faudra des années avant que je reprenne une certaine confiance en cet appareil aux mœurs parfois bien particulières.

Je lançais ainsi un deuxième défi à l'institution ecclésiale, celui de la transparence. Déjà, quelques années plus tôt, une autre situation m'avait laissé un drôle d'arrière-goût. En effet, lorsque vint le temps de me désigner une paroisse de stage, le responsable m'avait indiqué deux paroisses. Il ne me restait qu'à choisir celle qui répondait le mieux aux besoins de ma formation. Je repars donc et, après avoir mûrement prié, réfléchi et consulté, je donne ma décision. Oups! Petit problème: ce n'est pas moi qui dois décider. On ne se souvient plus de m'avoir indiqué un choix. Étrange, me dis-je alors dans ma tête de jeune stagiaire. Nous sommes pourtant deux à avoir entendu la même chose... Enfin, de toute façon, je suis content d'aller là où on m'envoie, mais j'aurais préféré comprendre ce qui s'était passé. Le défi de la transparence.

Avec le recul des années, je suis davantage en mesure de comprendre ce qui s'était passé. Il n'est plus utile de revenir là-dessus. Mais je persiste à croire qu'il eût mieux valu nous expliquer que de jouer la comédie. Je comprends maintenant que le manque de transparence ne provient ni d'une mauvaise volonté individuelle ni d'un complot habilement réalisé. Il s'agit plutôt d'un mélange de phénomènes plus ou moins conscients d'insécurité personnelle ou collective, de peurs et de jeux de pouvoirs. En découle un manque de confiance et d'audace qui oblige à manigancer de façon plus ou moins habile pour régler les situations délicates. On se perd alors dans un dédale de demi-vérités tissées de secrets mal gardés sur la trame fragile de la confiance mutuelle. Quel défi pour l'Esprit Saint!

À travers tout cela, je reste heureux. Je ne le serais pas si je jouais ce jeu-là. Je suis conscient que plusieurs autour de moi le font. Je sais que plusieurs prennent un beau visage devant Monsieur le Curé et le mangent tout rond ensuite. C'est l'histoire de la vie, et je n'en souffre pas beaucoup. Le problème ne m'appartient pas. Qu'on me joue dans le dos ou non, l'essentiel est que je puisse faire ce que j'ai à faire, et que je le fasse dans la vérité. Qu'on ne sanctionne pas ces façons de faire parce qu'elles sont devenues habituelles, parce qu'elle font partie de la culture de l'entreprise. Fonctionner malgré cela, mais ne jamais l'accepter.

Entendons-nous bien: je ne condamne pas les personnes qui sont prisonnières de ces systèmes. Je ne ferais probablement pas mieux si j'étais à leur place. Personne n'est mauvais «en soi». Encore une fois, ce que j'ai vécu à un niveau ne doit pas être généralisé pour l'ensemble de l'institution. On est toujours frappé par ce qui nous touche de près, par ce qui nous blesse. L'erreur courante est alors de généraliser et de condamner. Réflexe naturel de l'être qui a mal. Mais profitons de ce que l'être humain est capable de réflexion, et ne jetons pas le bébé avec l'eau du bain. Peut-être suffirait-il simplement de changer l'eau un peu plus souvent!

Voilà donc pour moi une deuxième clé de bonheur, que je pourrais exprimer ainsi: rester dans la lumière. Refuser l'opacité. Concrètement, cela signifie pour moi éviter les cercles de commérages inutiles tout autant que les réseaux où on ne finit plus de se perdre dans les secrets. L'un ne conduit à rien sinon à entretenir l'amertume, et l'autre nous fait entrer dans une culture de politicaillerie souvent mensongère. Le bonheur réside dans la transparence et la franchise. Quel défi! Pour moi, ce sera toujours une lutte. Il m'est tellement plus facile de garder mes commentaires pour les personnes qui n'ont rien à décider. Comme si au fond de moi maraudait un subtil désir que la situation ne se règle pas. Pourtant, il suffit parfois d'un simple coup de téléphone à la bonne personne pour que la situation évolue dans la bonne direction.

Il y aura toujours le problème des «secrets». Il arrive parfois qu'il puisse être pertinent de retarder la diffusion d'une information, évitant ainsi de blesser des personnes ou encore de provoquer des réactions exagérées. Cependant, j'y vois en même temps un piège puissant: celui du pouvoir lié au savoir. Quelle joie que d'annoncer une nouvelle en primeur! Posséder une information, c'est tout un pouvoir. Pourtant, le Christ m'appelle à tout partager... Qu'il me donne le jugement nécessaire à un bon discernement!

Encore une fois, je ne peux que constater que le défaut que je pourrais à certains moments reprocher à cette institution séculière qu'est notre Église s'accompagne d'un défi pour moi, celui de ne pas entrer dans le jeu de l'opacité, le jeu de la mort. Rester dans la lumière, jour après jour!

Le défi du courage

Au cours de ces longs mois pendant lesquels j'étais officiellement en équipe, mais dans les faits fort seul, j'ai souvent crié ma rage devant le manque de courage de certaines personnes en autorité. Je me souviens en particulier de cette fois où, par frustration, j'ai été tenté de lancer l'appareil de téléphone dans le mur. Après une patiente attente et une lourde conversation, je me bute encore à une réponse du style «on va y voir, et n'oublie pas de te reposer»! Rage au cœur. Rage devant l'inaction. Rage devant l'incompréhension. C'est toute la communauté paroissiale que je prends en otage pour faire avancer les choses. Quelle folie!

Après la rage vient le temps du courage. Courage de continuer. Courage de tenir le flambeau. Courage de rester, malgré tout. Courage de travailler 50, 55 et parfois 60 heures par semaine pour donner aux chrétiens et aux chrétiennes la nourriture qu'on leur annonce indispensable. Courage de pallier au manque de courage rencontré à un autre niveau.

Heureusement, le service procure la satisfaction. C'est dans la joie du service de la communauté paroissiale que j'ai trouvé la force de traverser cette crise.

Je me demande tout de même comment j'ai pu tenir le coup. Probablement que ces événements étaient suffisamment extérieurs à moi pour que cela ne se transforme pas en un problème personnel. Il y avait également ce confrère prêtre qui habitait le même presbytère que moi et qui avait toujours cette oreille attentive, prête à accueillir l'expression parfois vive de mes déboires. Il m'a vu rager, frapper du poing,

crier, hurler... Il trouvait toujours le moyen de me faire rire, finalement. Sa sympathie et son «tonus spirituel» venaient absorber le trop
plein de mes frustrations, et j'étais prêt à repartir, à continuer, même si
les choses n'étaient pas réglées. Comme quoi le simple fait de vivre en
chrétien est un soutien concret pour nos proches. Cependant, je devenais très critique, voire acerbe, devant tout ce qui émanait de l'autorité. Je ne participais presque plus aux événements diocésains, et c'est
avec peine que j'assistais aux rencontres de prêtres.

Si nous ne pouvons endosser le manque de courage, nous pouvons
cependant le comprendre. Il suffit parfois de se regarder agir soi-même
et de projeter ses comportements sur une plus grande échelle pour
comprendre la lenteur à laquelle nous évoluons. Il m'est facile d'exiger
des autorités un courage que je ne trouve pas toujours en moi lorsque
vient le temps d'une opération délicate.

En fait, cela dépend de la façon avec laquelle j'aborde cette fameuse institution. Lorsque je la considère comme un organisme entier, je deviens assez exigeant envers elle. Je parle alors de «l'Église»
comme d'un tout hors de moi. Fini le temps des «nous»: j'en parle à la
troisième personne... Plus ou moins consciemment, je m'en retire, peut-
être de crainte d'être absorbé dans cet immense appareil. Mais lorsque
je considère les personnes qui forment l'Église, alors je deviens plus
tolérant. Et plus je les connais, plus je suis en mesure de bien fonctionner et d'intervenir de façon ajustée. Cela est pour moi une découverte
intéressante. Je touche alors de plus près les joies et les souffrances de
cette Église, ses forces et ses faiblesses.

Sans entreprendre ici une analyse serrée des phénomènes qui
peuvent affecter une grande institution, je remarque que des problèmes
surviennent lorsque les gens en place sont fatigués, désabusés,
surchargés ou mal dans leur peau. L'appareil institutionnel devient alors
un grand refuge. Les petits problèmes sont vite noyés par les urgences
majeures. Lorsque ces dernières sont réglées, les autres passent pour
de la pacotille qu'il n'est pas pertinent de régler maintenant. Lorsque
ces problèmes majeurs ne se règlent pas, on les fait circuler dans le
circuit institutionnel où ils finissent par s'estomper. Je ne crois pas que
ce problème soit particulier à notre institution; il est probablement
commun à toutes.

Cependant, il est impressionnant de constater comment, à l'occasion, cette institution est capable de se remettre un tant soit peu en question et ce, malgré sa position de force. Peu d'organismes auraient ce courage. Serait-ce là un signe de la présence et de l'action de l'Esprit dans l'Église?

Quelle clé du bonheur cet aspect me permet-il de découvrir? Le bonheur est formé d'une alternance entre le courage de prendre le taureau par les cornes et celui de laisser fuir le taureau pour le laisser vivre à sa façon. Je retrouve la ligne de ma vie lorsque je reprends conscience que l'Église survivra à toutes nos errances humaines. Souvent, elle sera affaiblie, ralentie. Parfois, son visage sera terni ou même défiguré. Mais toujours, elle reste le Corps du Christ ressuscité. Notre bêtise aura beau être grande — rien de nouveau sous le soleil —, elle ne viendra jamais à bout de l'amour de Dieu pour nous. Heureusement!

Le défi de la vérité

Janvier 1991. Après trois ans de ministère pour le moins actif, j'indique à mon évêque ma disponibilité pour poursuivre des études. J'ai toujours (ou presque) aimé étudier. Je propose donc de mettre mes aptitudes au service de l'Église de Montréal. Au fond, après cinq ans de ministère dans ma première paroisse, je sens bien que le temps est venu pour moi de changer de milieu. L'occasion m'apparaît alors propice, si les personnes en place le jugent bon, de partir pour les études.

Ma proposition est bien accueillie. Cependant, la première réponse me surprend: «On a bien reçu ta demande d'aller aux études.» Je n'ai pourtant pas *demandé* d'aller aux études, j'ai indiqué ma disponibilité. Je n'y tiens pas plus qu'il ne le faut! Je retourne voir la lettre que j'ai envoyée: c'est pourtant clair et sans ambiguïté. Je m'aperçois que je suis encore bien jeune et que j'ai encore beaucoup à découvrir de ce monde...

Je m'empresse de rappeler le sens de ma première lettre. J'affirme de nouveau que, si c'est mieux ainsi, cela m'est égal de rester en paroisse. C'est toujours avec le même acquiescement complice que l'on me répond: «Oui, oui, bien sûr, nous comprenons combien cela est important pour toi d'aller étudier...» Misère! Sommes-nous de la même planète? Je ne suis pourtant pas au bureau central d'un parti politique; pourquoi toujours penser que je ne suis pas sincère? La stratégie du sous-entendu est-elle répandue même dans nos organisations? Je ne crois pas. Je formule plutôt l'hypothèse suivante: partant du principe selon lequel il est plus facile de négocier lorsque c'est l'autre partie qui formule la demande, il est plus confortable pour les personnes en place de transformer mon intervention en une demande. Ainsi, consciemment ou non, ce responsable tente de me mettre dans la position de celui qui demande une faveur. Or, je suis sincère, il n'en est rien! Lorsque j'ai choisi d'être prêtre, j'ai renoncé à une carrière qui s'ouvrait devant moi dans le domaine de l'informatique. Si je voulais faire carrière, je ne serais pas devenu prêtre! Ils insistent en me rappelant qu'ils comprennent le désir que j'ai d'aller aux études. Rien à faire, un véritable dialogue de sourds. Comme seuls les écrits restent, je prendrai la peine, à toutes les fois que j'échangerai de la correspondance à propos de ces études, de bien rappeler le sens de ma démarche. Je demeure marqué par cette insistance à me faire porter la responsabilité de la décision d'aller aux études comme si c'était une faveur que j'avais obtenue. J'aurais préféré que la décision se prenne d'une façon adulte, chaque partie assumant pleinement sa part de la décision.

Comme les sous font défaut, on me propose une seule année d'études. Je suis d'accord, mais je précise qu'en ce cas, je ne pourrai pas compléter une maîtrise. Comme il semble important que je veuille un diplôme, on m'envoie aux études de maîtrise, en espérant que la deuxième année suivra!

Étrange, cette façon de transiger. Pour un néophyte comme moi, cela est plutôt déroutant. Dois-je maquiller ma proposition en une demande ferme? Pourquoi ne pas dire les choses telles qu'elles sont? Je prends le parti de la vérité. Je préfère ne pas jouer le jeu de certaines *grandes personnes* que je remarque par ailleurs assez malheureuses dans leurs fonctions. Ce doit être épuisant de toujours chercher à tordre les mots et les phrases pour qu'elles entrent dans notre façon de voir les choses. Ce doit l'être également de transformer les dires des gens afin de respecter l'ordre habituel des choses. Je préfère garder mon énergie pour ce qui en vaut la peine, ce qui pour moi se résume en quelques mots: annoncer au monde une Bonne Nouvelle.

Le bonheur dans tout cela? La vérité, encore une fois. À tout prix. Rester soi-même, sans jouer le jeu des grands de ce monde.

Ce que je retiens de cet épisode de ma vie s'inscrit dans la ligne de la continuité en ce qui concerne mes relations avec les autorités ecclésiales. Certaines frustrations m'auront rendu tantôt sarcastique, tantôt dissident. Dans ce contexte, il n'était pas mauvais que je parte pour les études. De façon assez étonnante, c'est encore une fois avec joie et enthousiasme que je me lance dans cette nouvelle page de mon existence. Le recul me permettra d'y voir plus clair. Néanmoins, il me faudra ensuite encore quelques années avant d'être capable de regarder et d'analyser les choses d'une façon plus objective.

Le défi de la cohérence

Septembre 1991. Me voilà de retour aux études, cette fois-ci pour compléter une maîtrise en sciences de la mission. Je suis particulièrement intéressé par la question de l'évangélisation dans notre monde. En étudiant en sciences de la mission, je désire approfondir cette question. Évidemment, le titre du programme peut donner l'impression que je pense à devenir un missionnaire à l'étranger. Or, il n'en est rien, bien au contraire. Le programme offre une option «intra-culturelle», à savoir la possibilité de devenir missionnaire... chez soi! Défi passionnant. Enfin, j'allais prendre le temps de m'arrêter pour approfondir cette fameuse question de l'annonce de la Bonne Nouvelle. Dans un monde où on constate une diminution du nombre de prêtres et de l'assistance à la messe du dimanche, et où la compétence de l'Église est sérieusement remise en question dans plusieurs sphères de l'activité humaine, il m'apparaît important de faire le point.

Jeune prêtre, je me berce encore, sans en prendre conscience, dans l'illusion qui fait croire que ce n'est *pas si pire que ça*. Que les choses vont même très bien. Jeune prêtre, je suis porté par mon entourage et la simple fascination de la présence d'un jeune prêtre occasionne autour de moi un regain de vie qui me laisse dans une bulle hors des véritables défis de l'Église d'aujourd'hui. On ne pense plus au drame de la chute du nombre de prêtres, à celui des très nombreuses paroisses qui ne sont pas préparées à l'absence de prêtre, à celui du manque croissant de ressources humaines et financières qui va obliger à des ajustements importants. Au début de mon ministère, je me soucie de la bonne marche de mes activités sans être très sensible aux vrais problèmes.

En fait, il en est ainsi un peu partout autour de moi. L'absence de projet de société n'est pas visible de façon immédiate dans le quotidien de la vie de monsieur Tout-le-monde. Quelques prophètes oubliés sonnent la cloche de l'urgence, mais, l'être humain étant ce qu'il est, peu réagissent à ces alarmes. «Cela ne nous empêchera pas de mettre du beurre sur notre pain demain matin», pour employer une expression populaire. Pourtant, la situation mérite notre attention: vivre dans une société sans contrat social, c'est grandir sans but et sans sens de la solidarité. Si cela peu sembler sans grande conséquence dans l'immédiat, imaginons un instant quelle société nous bâtissons: chacun pour soi, sauve qui peut, à quoi ça sert de vivre, etc. Dans ce contexte, je réagis comme les autres: plutôt que de regarder la situation en face, je préfère me maintenir dans un doux climat de ouate alors que je débute mon ministère.

Mais voilà que je commence à m'éveiller à certaines réalités. Qui peut me dire quelle est cette «Bonne Nouvelle» que nous devons annoncer au monde? Grand silence autour de moi. On me parle plutôt de ramener les gens à l'église, de regarder comment notre jeunesse est malade, tout comme notre société d'ailleurs. La Bonne Nouvelle? Bonne question!

C'est là le contexte qui entoure mon départ pour les études. Je ne pense pas tant à apprendre des choses qu'à réfléchir et à faire le point sur la question. Pour moi, cela n'aura de sens que si cela peut être utile à la vie de l'Église. Sinon, je suis bien capable d'aller étudier tout seul! Mais si mon évêque m'envoie étudier, c'est pour que cela apporte de l'eau au moulin de notre Église locale.

Ces études marquent une étape importante de ma vie de prêtre. Je réaliserai par après qu'il était devenu urgent que je refasse pour moi une nouvelle synthèse — une appropriation personnelle — de ce que j'avais appris, entendu, vécu depuis quelques années. Après mes premières études de théologie, je possédais un certain nombre de connaissances. Mais il manquait de nombreuses connexions. Je ne m'étais jamais arrêté à la question du sens que je donnais à l'annonce de l'Évangile, au ministère presbytéral, à ma présence dans le monde, à celle de l'Église... Tout cela allait se brasser à l'intérieur de moi pendant les prochaines années.

Évidemment, et heureusement, je ne suis pas le seul à me poser ces questions. En m'ouvrant à des confrères prêtres autour de moi, je découvre des questionnements semblables. Et voilà qu'une caractéristique insoupçonnée de mon caractère fait surface: le souci de la cohérence. Je pousse les hauts cris à chaque fois que je constate un manque de vision ou d'unité dans les différents secteurs de la vie de l'Église. Je déplore que, par exemple, on demande aux prêtres de travailler ensemble dans un même secteur alors que le nominations ne sont pas faites en vue d'une telle collaboration. Me voila traversé à nouveau par la tentation de me retirer doucement de tout ce que je trouve incohérent. Je pourrais me contenter d'assister aux rencontres, de contribuer moi aussi au grand silence qui s'installe lorsque vient le temps de se mouiller... Tentation de boycotter, avec la confortable conséquence d'avoir moins de travail et de responsabilités! J'essaie de résister à ces élans morbides. Je ne réussis pas toujours.

Ma sensibilité à la cohérence est à nouveau heurtée par certains événements entourant l'entre-deux de mes années d'études. La façon de décider si oui ou non je peux entreprendre une deuxième année, les nominations pour le ministère d'été, plusieurs petits détails me fatiguent. Il semble manquer de communication aux niveaux supérieurs de notre organisation. Quel drame pour l'homme presque obsédé par l'intelligence des choses que je suis!

Encore une fois, je ne peux que constater: cette exigence, la mienne, dépasse les capacités d'unc organisation normale, surtout lorsque son volume est imposant. Mon désir que tout soit «organique» et cohérent a besoin d'être ajusté aux réalités d'une institution qui nous dépasse de toutes parts. Je dois maintenir cet idéal, le réduire serait dommage. Mais maintenir un idéal ne signifie pas exiger à chaque instant qu'il soit pleinement accompli.

Voilà que se dessine pour moi un élément de mon bonheur: la décision de «vivre avec» les choses qui ne me conviennent pas tout à fait. Subir, c'est se condamner à la frustration perpétuelle. Choisir de mettre la main à la pâte, malgré ce qui ne va pas, procure un équilibre sain. Chaque fois que je choisis à nouveau d'être présent à ce qui se vit aujourd'hui, je retrouve des énergies insoupçonnées en moi. Lorsque je laisse mon entourage me mettre trop de pression, le malaise renaît en moi: c'est le temps de me dégager un moment de détente. Ensuite, je pourrai décider de ce que je fais avec ce qui m'arrive. Rien de magique dans tout cela: je persiste à croire qu'il est possible et bénéfique de s'engager dans le monde d'aujourd'hui et ce, malgré ses vicissitudes.

Choisir à nouveau: être avec — faire Église

Un grand danger me guette: celui de décrocher. Parfois, la subtile tentation de faire ma petite affaire dans mon coin en évitant au maximum les contacts avec la grosse institution surgit du plus profond de mes entrailles. Devenir un *back bencher* religieux, un prêtre-décrocheur: bien faire ce que j'ai à faire en paroisse, jouer à «tout va très bien, madame la Marquise» et ne pas faire de vagues. D'aucuns me conseilleront même de me trouver une maîtresse pour équilibrer le tout et filer ainsi un bonheur à la petite semaine jusqu'à l'âge béni de ma retraite. Je commencerais probablement à engraisser. L'image serait sauve et à peu près tout le monde pourrait s'en contenter. Seulement, pour que ce scénario me rende heureux, il faudrait faire fi d'une conviction fortement ancrée en moi: être heureux, c'est être *vrai* et être *entier*.

Être prêtre suppose avant tout être un humain normal. Cette affirmation devrait être d'une évidence telle qu'il ne soit pas nécessaire de l'énoncer. Pourtant, j'observe deux courants d'idées: un premier, selon lequel le prêtre devrait être un surhomme, une sorte de demi-dieu. Il ne devrait pas avoir de défaut, être parfait dans tout ce qu'il fait et ne jamais protester. Un second courant nous présente le prêtre comme une personne choyée par l'institution qui le fait vivre, une personne qui n'est pas affectée par les basses tâches de la vie quotidienne: tenir maison, faire la lessive, préparer les repas, sortir les poubelles, etc. Une personne «V.I.P.», quoi. Une personne qui n'est pas tant au service du monde qu'elle a le monde à son service.

Dans une tendance comme dans l'autre, le prêtre est présenté comme une personne détachée du commun des mortels, un être «déterré». Quelqu'un qui s'apparente soit à la monarchie, soit à la divinité, mais surtout pas au genre humain. Quelle erreur! Tant l'un que l'autre est en contradiction vive avec l'Évangile de Jésus Christ. Faire du prêtre un demi-dieu est une offense grave à l'unique Dieu. Assimiler le prêtre aux grands de ce monde est radicalement contraire à ce que Jésus a voulu être parmi nous. Aucun chrétien, qu'il soit laïque ou prêtre, ne devrait être du côté du pouvoir dominant.

Au cœur de ces différentes visions de la vie et du ministère du prêtre, il appartient à chacun de se situer. De décider. De choisir. Ne pas le faire, c'est se condamner à une itinérance où le bonheur sera plus difficile à trouver. Voila donc un autre élément qui contribue à mon bonheur: une vision toujours plus claire de *qui je suis* en tant que prêtre de l'Église catholique. Cette vision n'est pas statique: elle se précise, se corrige et se recompose dans le temps. La lecture ou la relecture d'un texte, une expérience nouvelle, une interpellation, un nouveau mandat pastoral, un échec ou une réussite viendront mettre en question cette conception et, éventuellement, contribuer à une nouvelle synthèse. Mais tout cela se fait dans le temps et non sans peine. À chaque fois, un passage est nécessaire. Souvent une forme de crise est à prévoir. C'est le prix à payer pour grandir et rester heureux.

Lorsque j'ai été ordonné prêtre, j'étais loin de me douter que j'aurais ce lourd travail à faire, celui de définir pour moi ce que je suis pour l'Église et dans l'Église. Avant que cela ne se précise, j'ai connu bien des soubresauts. Sans le savoir, je luttais et je m'opposais de façon stérile. J'espérais une Église meilleure, mais qui se construirait sans moi.

Un jour, j'ai opté: ce que je veux, c'est que certaines choses changent. Seulement, il ne suffit pas de le dire. Les changements ne se produisent pas «en criant ciseau», en particulier dans le domaine religieux. Mon choix inclut donc une clause «patience»: même si cela doit se faire à pas de tortue, même si je n'en vois pas l'effet de mon vivant, je continue. Et pour que des choses changent, il est essentiel qu'il y ait des personnes qui provoquent et stimulent le changement. Je ne passerais pas ma vie à regarder le train passer et encore moins à regarder le bateau couler. Je rencontre des personnes qui ont choisi de laisser tomber; qui sait si je ne serai pas de ce groupe plus tard? Dieu m'en garde! D'ici là, je reste à bord et j'essaie de faire ma part. Il y a des secteurs dans lesquels j'ai décidé de ne plus investir; il y en a d'autres dans lesquels j'apporte une contribution plus directe. C'est ainsi, d'après moi, que les choses évoluent. Espérer des résultats immédiats (comme notre monde l'exige trop souvent) est irréaliste et contraire aux lois de la nature. Attendre que l'institution ne soit plus relève de l'utopie.

Entre agir dans l'institution et rester inactif, n'y aurait-il pas un entre-deux? Et pourquoi pas? Il y a même plusieurs degrés alternatifs. Certains choisiront d'agir en marge de l'institution, sans pour autant lutter contre elle. L'option se présente ainsi: Jésus Christ n'a pas voulu fonder une nouvelle institution, mais libérer les gens prisonniers des institutions. Ce n'est pas le lieu ici pour commenter les différentes options. Le fait est que certains ont fait ce choix; on peut faire du bien sans un lien institutionnel formel. D'autres restent branchés à l'institution officielle, tout en posant des gestes relativement dissidents. Je trouve pertinent que toutes ces personnes aient droit de cité et je souhaite qu'elles conservent toujours ce droit. Il est important qu'une institution religieuse, surtout lorsqu'elle se réclame du Christ, soit ouverte à la différence. Ainsi, les membres peuvent être libres... et fidèles!

Être heureux

Être heureux aujourd'hui... Difficile, en conclusion, de refermer la boucle. Je préfère la laisser ouverte sur l'avenir qui est à bâtir. Les quelques traits que j'ai esquissés ici constituent les premières pages d'une histoire que j'espère ne pas avoir encore complétée.

Plusieurs des faits que j'ai présentés ici pourraient laisser un arrière-goût désagréable. J'ai choisi de les présenter ici parce qu'ils constituent, me semble-t-il, une matière pertinente pour démontrer mes déboires institutionnels. Il serait dommage cependant de croire, à partir de cela, qu'il n'y a pas eu de moments intéressants à vivre dans mes relations avec les autorités diocésaines. J'ai participé et participe encore à certains comités diocésains, et j'y trouve un climat agréable et souvent très ouvert. Lorsqu'est venu le temps des nominations, j'ai toujours été consulté avant qu'elles ne soient effectives. Mes collaborations avec les différents bureaux ou services diocésains sont cordiales et fraternelles. Alors, qu'on ne s'y méprenne pas: ce bref témoignage ne constitue pas une matière intéressante pour un opposant farouche à tout ce qui est institutionnel.

Je découvre, année après année, l'importance de la personne humaine. Derrière chaque institution, sous chaque grand titre, il y a quelqu'un. Des personnes qui essaient, tant bien que mal, de faire leur petite part. Lorsque j'étais plus jeune, j'avais bien des choses à dire sur les prêtres. Aujourd'hui, je ne connais pas «les prêtres», mais bien «des prêtres». Il y en a qui me sont sympathiques, d'autres moins. Il y en a avec lesquels je discute sans problème, d'autres avec lesquels c'est plus difficile. Ce sont des personnes humaines. Plus je les connais, plus je suis en mesure de les respecter et de me défaire de mes préjugés.

Avant de connaître les personnes qui travaillent à l'archevêché, je les considérais de loin. Au fil du temps, j'ai connu des personnes, j'ai noué des liens. Me voilà moins acerbe. Certes pas moins exigeant (je reste moi-même, quand même!), mais plus tolérant.

C'est là que j'apprends à aimer l'Église: dans sa pauvreté. Pauvre parce qu'elle est formée de personnes humaines, avec tout ce que cela veut dire. Pauvre parce que les personnes qui la composent ont toutes besoin de conversion. Pauvre à l'image du Christ, pauvre parmi les pauvres. Pauvreté pleine d'espérance, puisque c'est pour nous que Jésus le Christ est venu.

Je n'ai pas parlé de cette année fort agréable qui précéda mon départ pour les études. Vicaire d'un curé humain, passionné et chaleureux, en équipe avec un ami stagiaire, j'ai accueilli cette année comme un baume sur des plaies encore vives.

Je n'ai pas parlé de certaines de mes interventions auprès des autorités dans lesquelles je me suis senti écouté et respecté. Des moments de grâce, où il m'a semblé reconnaître des signes de la présence de l'Esprit: joie, paix, patience.

Je n'ai pas parlé de ces milliers de contacts humains qui tissent la vie du prêtre. Contacts tellement variés, exigeants et enrichissants à la fois.

Je n'ai pas parlé du célibat, cette exigeante discipline de l'Église, tellement contestée, souvent ridiculisée. Dans un monde où l'équilibre affectif est une denrée rare, j'ai l'audace d'affirmer qu'un prêtre peut, s'il le choisit et le re-choisit, vivre cet état et y trouver la disponibilité de cœur nécessaire à une réelle présence au monde qui l'entoure. Ici encore, je m'abstiendrai de crier: «Fontaine, je ne boirai pas de ton eau!» Cependant, j'ai découvert au fil des ans que ce projet n'est peut-être pas si fou qu'il pourrait sembler de l'extérieur. Qu'il n'est peut-être pas plus difficile d'être fidèle dans cette voie que dans celle du mariage...

Il m'est presque gênant d'écrire: je suis heureux. On croit souvent que le bonheur est réservé aux gens débranchés des vrais problèmes, aux personnes riches qui n'ont pas à s'inquiéter de leur confort matériel, ou encore à ceux et celles qui ne vivent que dans l'instantané. Je ne crois pas me situer dans l'une ou l'autre de ces catégories. Je vis les problèmes de ce monde comme la plupart de mes contemporains et je traverse les différents moments de l'existence comme le commun des mortels. Je ne sais pas s'il y aura assez de chrétiens dans vingt ans pour m'assurer un salaire minimum. Je trouve mon bonheur dans les choses durables bien avant les petites joies passagères. Et pourtant je suis heureux.

Suis-je devenu plus sage, ou suis-je bêtement en train de m'assimiler à un système plus fort que moi? La question se pose. Cependant, une double certitude m'habite: certitude que je décide de ce que je fais de ma vie, à la lumière des événements qui se déroulent, et certitude que l'Esprit Saint m'accompagne lorsque je suis ouvert à sa présence. Armé de cette double conviction, je continue à croire que nous formons l'Église que le Christ a fondée.

Une journée-type

(mais ça ne se passe jamais comme ça...)

Du mardi au samedi après-midi

7 h 30	Prière personnelle
8 h	Messe ou travail de bureau

Suite de l'avant-midi
        Rencontres, visites, célébrations, réunions, travail de bureau...

Après-midi   Rencontres, réunions, célébrations,
               bref la même chose

Deux fois par semaine

16 h 30 – 18 h 15   Sport

18 h 15 – 19 h   Souper

Les autres jours

17 h 30 – 19 h   Souper, épicerie, lavage, prière; parfois,
                   rencontres, 5 à 7, etc.

19 h – 21 h 30   (parfois 22 h 45): du mardi au vendredi
                   Réunions, rencontres, visites

J'essaie de garder un soir libre (détente personnelle)
et je réussis habituellement.

22 h 30   Prière personnelle

            Dodo!

Exemples de réunions, rencontres et visites

– Réunions de planification: démarches catéchuménales ou
  initiatiques, célébrations, concertation communautaire dans le
  milieu, etc.

– Réunions de coordination: conseil de pastorale, de fabrique,
  organismes communautaires du milieu.

– Réunions de production: comité de rédaction, etc.

– Rencontres: démarches catéchuménales, initiatiques, préparation
  au mariage, accompagnement spirituel, aide ponctuelle, catéchèse
  aux adultes, etc.

– Visites: accompagnement, démarches initiatiques, présence
  gratuite au milieu, salon funéraire, réceptions de noces.

– Sessions de formation permanente sur différents sujets.

Exemples de «travail de bureau»

– Préparation d'homélie, d'interventions, de catéchèses, de célébrations

– Rédaction d'articles, de textes

– Retour d'appels

– Planification d'agenda.

Du samedi après-midi
au dimanche après-midi

Messes, baptêmes et mariages! Le tout incluant rencontres, échanges, messages...

Que ton peuple soit régénéré
par le bain de la nouvelle naissance
et reprenne des forces à ton autel,
pour que les pécheurs soient réconciliés,
et les malades, relevés.

Prière d'ordination

Sœur Lorraine Caza, c.n.d., est docteure en théologie. Elle a été professeure au Collège dominicain d'Ottawa durant trente ans avant de devenir, en 1996, animatrice (supérieure générale) de la Congrégation de Notre-Dame. En plus d'avoir publié des articles, brochures et livres, sœur Caza a donné un grand nombre d'exposés théologiques, non seulement au Canada mais aussi dans différentes régions du monde. Conférences, sessions, retraites, et émissions radiophoniques lui ont donné l'occasion de s'adresser à des publics très variés, y compris des groupes d'évêques, de prêtres, de séminaristes, d'agents et agentes de pastorale et des communautés paroissiales.

Réactions aux témoignages de sept prêtres heureux

Lorraine Caza, c.n.d.

On m'a accordé un grand privilège en m'invitant à réagir aux émouvants témoignages qui ont été regroupés autour du thème «prêtres heureux». La lecture de ces sept itinéraires humains m'a d'autant plus touchée que je connais six des sept prêtres qui nous font le cadeau de partager avec nous quelque chose du secret de leur vie.

Deux d'entre eux ont un parcours plus long: le père Benoît Lacroix, o.p., et Mgr Jean-Marie Fortier. Deux étaient au début de leur ministère lorsque sonna l'heure à la fois décisive et exaltante de Vatican II: André Beauchamp, l'homme «à la frontière ténue du dedans et du dehors», et Jules Beaulac qui devient «prêtre tous les jours, comme les amoureux qui se marient à tous les mois de mai». L'un fut ordonné aux lendemains du concile: Denis Gagnon, o.p., dont le «bonheur se tient dans les cordages». Enfin, deux prêtres des années 1980: Alain Roy, qui «aime mieux sa vie de prêtre aujourd'hui qu'à ses premières années d'ordination», et le benjamin, André Tiphane, l'homme des défis, le décideur sûr de la présence de l'Esprit.

Chez tous, j'ai admiré la franchise du partage, la disponibilité à manifester scs vulnérabilités, la volonté ferme de faire le point, les dons d'écriture, un certain «jusqu'au-boutisme», comme dirait mon neveu Éric, un certain sourire, c'est-à-dire une capacité de ne pas trop se prendre au sérieux.

Je ne sais trop pourquoi, le côté «rebelle, marginal, délinquant» d'André Beauchamp m'a toujours semblé comme un beau cadeau de l'Esprit à l'Église d'ici. Il se voit à la frontière ténue entre le dedans et le dehors: je l'ai toujours perçu comme profondément «de la maison», avec une créativité porteuse de vie pour toutes les personnes avec qui et pour qui il parle et écrit. Nous lui devons beaucoup, précisément au niveau de cette «errance féconde» permettant de «dire la foi dans les mots d'aujourd'hui avec une certaine originalité», de «débusquer au fond de la réalité humaine l'image de Dieu». Quel bonheur qu'on lui ait fait suffisamment confiance pour lui permettre d'explorer «sans rompre complètement les amarres!» La contribution d'André Beauchamp à l'éducation de la foi des adultes, à *Prions en Église* et dans tout le domaine de l'environnement est impressionnante.

Plus délinquant, plus libre, plus autonome, mais il ajoute «plus seul aussi, fatalement». Les résurrections pour André Beauchamp, comme pour nous tous et toutes, ne semblent pas avoir fait l'économie de la croix. L'écho du *Stabat Mater* dans son expérience nous invite à ne pas nous laisser tout à fait distraire par l'André Beauchamp bouffon, aux grands éclats de rire: «Ô vous qui passez sur le chemin, regardez et dites-moi s'il est une douleur semblable à la mienne.»

Jules Beaulac a également suivi un itinéraire surprenant pour un homme engagé dans l'Église diocésaine, comme prêtre séculier. «Les couleurs dominantes, les reflets particuliers, les lumières éclatantes» dans sa vie se sont polarisées «autour d'un rayon central» qu'il nomme l'éducation et «se projettent sur deux champs principaux: l'évangélisation populaire et la miséricorde». Le témoignage de Jules Beaulac met bien en évidence comment une vie s'allume à une autre: on pense aux trois prêtres qui l'ont inspiré à l'heure de ses études collégiales, à Paul Tremblay et à Gilles Raymond qui l'ont éduqué au concept de l'éducation permanente, à Anselme Longpré qui lui a montré le chemin de la prédication des retraites sacerdotales («Un éducateur de futurs prêtres qui ne prêche pas aux prêtres est en état de péché mortel, mon garçon»), à son évêque avec qui il discutait de ses «écritures» et de ses «parlures»: «Donne de l'espérance aux gens, ils en ont tellement besoin». Quelques éléments de son credo en éducation de la foi sont bien explicités: teinte populaire de l'enseignement, caractère «dans le trafic», préoccupation pour les brebis du dehors.

Des personnes ont façonné Jules Beaulac, mais il y a aussi certaines expériences qui l'ont marqué à jamais: les bidonvilles de Port-au-Prince, le foyer de l'Arche de Carrefour, les cliniques populaires de Saint-

Joseph, dans les «cayes» de l'arrière-pays, lui ont permis d'apprendre avec son cœur. Ses quinze années de pastorale carcérale, ici, ont été un temps «d'évangélisation réciproque, de service mutuel». Puis, Jules mentionne les Puits de Jacob, les Cafés chrétiens, les foyers de l'Arche, les malades de la sclérose en plaques, les soins palliatifs à domicile via le CLSC comme les lieux privilégiés où il a rencontré «le Seigneur lui-même dans ses préférés, les pauvres». On croit entendre le petit frère jumeau de Jean Vanier: «Je m'inquiéterais sérieusement si la pratique pastorale de tel ou tel prêtre, de même que les orientations pastorales des autorités, ne comportaient pas une dimension de miséricorde envers les plus démunis. [...] Les pauvres sont les racines de l'arbre de l'Église. [...] Ce sont eux qui sont mes maîtres.»

Jules Beaulac a été arrêté en plein vol par ce fameux infarctus du 26 octobre 1996. Arrêté? Non, pas vraiment! Mais confirmé dans sa quête de la vraie fécondité: «Ce que le Seigneur attend de nous, c'est que nous portions du fruit, que nous soyons bourdonnants d'activités ou que nous soyons plongés dans l'inactivité la plus totale [...] seules la qualité et la quantité de notre greffe au Christ nous permettent de porter du fruit.» Sa mission continue: prêtre *internaute* dont la vie demeure «toujours une histoire d'amour avec Dieu et avec les gens».

Le témoignage de Jean-Marie Fortier, l'archevêque émérite de Sherbrooke, reflète bien ce que son père aimait dire de lui: «Jean-Marie, tu es né sous une bonne étoile!» Ce père dont il parle si bien avait probablement reconnu chez son fils cette joie de vivre, cette façon de goûter la vie et de communiquer cet amour de la vie en toute rencontre, que l'on ne peut manquer d'apercevoir chez Monseigneur Fortier. Il est fidèle à lui-même, donc, et à sa passion pour l'histoire en plaçant ses propos sous l'égide du grand saint Augustin: «Tous mes souvenirs sont des actions de grâce.» Homme de la gratitude, homme conscient du terreau où sa vie s'enracine: comme il parle bien des siens! On notera aussi le rôle de la JÉC et des Conférences Saint-Vincent-de-Paul aux années où se façonnait le futur pasteur. La Pocatière, Gaspé, Vatican II, puis Sherbrooke où il aura vécu la plus grande partie de son ministère épiscopal: l'historien refait surface, tente d'analyser ce qui s'est passé au Québec, cette transformation radicale de la société et de l'Église. L'historien et le pasteur sont toujours engagés: d'où l'exhortation à revenir aux grandes intentions ecclésiologiques de Vatican II, à la prière, à l'amour inconditionnel du prochain. Et l'on sent bien que Jean-Marie Fortier souhaite profondément qu'on donne un nouveau souffle de vie à la «visite paroissiale»; ce qui lui tient à cœur, au fond, c'est la communion entre la communauté et son pasteur.

L'aîné de tous les pasteurs qui prennent la parole dans ce collectif est l'ami universel, l'homme qui n'a pas d'âge: Benoît Lacroix, o.p. Sa réflexion s'inspire du développement du Qohélet sur le temps. «Le temps, je l'aime. La vieillesse aussi. Vieillesse et temps voyagent ensemble.» Et s'il faut trouver un symbole pour dire le mystère du temps, le petit gars de Saint-Michel-de-Bellechasse choisit le fleuve Saint-Laurent qui lui enseigne «l'art de vivre, l'endurance, la patience, le goût d'aller-venir». Déjà passé le cap des quatre-vingt-cinq ans de vie, il avoue que son plaisir actuel, son bonheur suprême, quasi charnel, c'est de ramer et de «donner du temps et des bras aux autres».

Magnifiques évocations sur l'amour: «Tendresse oblige! Bien oui! Pour tout le monde et pour le prêtre aussi. Il y a des risques. Peut-être même des écarts... Ce qui importe est la confiance réelle, l'élan spirituel, l'intégration de ce qui pourrait n'être que démesure.»

Propos courageux sur la liberté: «Je persiste à penser que la première liberté à préserver, coûte que coûte, est la liberté de conscience... Oui, je donnerais littéralement ma vie pour la liberté de conscience de l'autre au moment où elle, il heurte de front la mienne»; sur ses critères de discernement: «En premier, je prie pour voir clair, ensuite j'interroge la Parole de Dieu... vécue et comprise en Église... Puis, pour soulager mon esprit, je relis *Matthieu* 22, 16.»

Échos aux expériences de souffrances: «Prêtre depuis 1941, j'en ai accumulé, des souvenirs et des souvenirs de misères individuelles, de drames affreux, inoubliables, de conflits mondiaux inutiles, de guerres folles... Toi, tu te retrouves seul, la tête remplie de secrets à ne jamais dévoiler.»

Chant à la miséricorde de Dieu et à la sienne: dans le dialogue qui précède la profession religieuse dans l'Ordre dominicain, il y a cette inoubliable question-réponse: «Que demandez-vous? La miséricorde de Dieu et celle de l'Ordre.»

Le témoignage de Benoît Lacroix parle encore d'espérance: «L'espoir agit dans la longue durée. Comme le temps. Je suis de l'âge d'or.» Il n'évacue pas la dimension de la solitude: «Une grande solitude. Le prêtre est forcément seul.» Il parle de la grâce de la solitude, de l'art du désert. Il relie la solitude au silence auquel il doit «la capacité de faire oraison, le plaisir de la méditation, le temps d'écrire livres et homélies.» Le silence, Benoît Lacroix l'a appris chez les dominicains.

Puis, il nous ouvre la porte de sa prière: «Les oiseaux volent. Les poissons nagent. Les humains prient», dit-il avec Isaac le Syrien. Il s'interroge sur la vérité de sa prière, se souvient avec émotion de la prière de sa mère, de celle de son père. Il partage avec nous l'horaire de sa prière quotidienne, craint un peu de s'éloigner de la prière du cœur en raison de ses habitus d'études, avoue son amour des psaumes.

Le regard de Benoît Lacroix sur la mort est émouvant: «Le temps se resserre. Je le sais. Je le sens. La mort, je la côtoie, je la vois de près. Mais quand?» À quand la fraction de seconde qui l'entraînera à jamais dans l'éternité? «Qu'elle vienne, cette seconde de vérité ultime!» Et Benoît de revoir en esprit la goutte d'eau qui part de Saint-Michel-de-Bellechasse pour rejoindre l'océan qui l'ennoblira à jamais.

Benoît Lacroix ne serait pas Benoît Lacroix s'il ne nous laissait sur un air de fête, de danse, de rassemblement joyeux: «Le temps sera venu — enfin! — de danser comme David devant l'Arche, joyeusement, spirituellement, sur la musique de Mozart, de Vivaldi, entremêlée de rigodons et de joyeuses sarabandes! Alléluia!»

Un frère en saint Dominique, ordonné trente ans après le grand médiéviste, témoigne aussi. Il s'agit de Denis Gagnon, o.p., qui ouvre son récit par une saisissante réflexion sur son expérience du bonheur: «J'ai le bonheur en forme de désir.»

Denis apparaît d'entrée de jeu comme homme de la parole: «À l'image, je préfère la parole. La parole est fille de la liberté... Elle évoque tout en ne se laissant pas attraper.» Il cite *Genèse* 1, 1-3 et *Jean* 1, 1 pour montrer le rôle fondateur de la parole dans la tradition judéo-chrétienne. Fasciné par la parole, Denis dit aimer Dieu «aussi et pour une bonne part parce qu'il parle». De la parole, Denis est entraîné à chanter le dialogue, la communication. Il nous dévoile sa passion pour la Bible, le lien qu'il fait dans sa vie entre Bible et prière. On sait que Denis a «un faible pour la liturgie des Heures», qu'il a consacré beaucoup de temps et d'énergies à apprivoiser ses frères, mais aussi tant d'autres personnes, à cette prière de l'Église.

C'est un regard rafraîchissant que Denis porte sur la tradition ecclésiale qu'il compare à «un bouquet de courants divers, un kaléidoscope de réflexions»; il y voit la possibilité d'écouter Dieu dans les cultures, aux racines géographiques de la parole. Il dit son amour de l'étude, en fils de Dominique, d'Albert le Grand, de Thomas d'Aquin... et son agacement face aux méfiances que l'on manifeste souvent, dans les milieux de l'Église, à l'endroit de l'intelligence.

La Parole de Dieu qu'il reconnaît dans la Bible, dans la tradition ecclésiale, Denis la retrouve aussi dans la parole des autres qui interpelle sa responsabilité. Se fermer à la parole de l'autre, ce serait pour lui «quitter le bateau pour le confort douillet de la terre ferme».

Denis se présente comme homme de la parole, celui qui accueille la Parole de Dieu partout où elle s'exprime, celui qui cherche à l'approfondir, celui qui célèbre cette Parole: «Plus que tout, il me semble, je suis l'homme de la célébration» et il ajoute bientôt: «J'accorde une grande importance à l'homélie... J'aime faire l'homélie». Mais pour lui, il s'agit essentiellement, en ce service, de «présenter le Christ, le laisser se présenter», d'être «un passeur» entre le Christ et la communauté. En prêchant, il a conscience qu'il construit «la communauté des disciples du Christ». Fidèle à la symbolique de l'eau, du bateau, il voit la prédication comme la possibilité d'ouvrir les cœurs au grand large: «Du large, toujours du large». Au nom de notre foi, donner de l'envergure à tout ce que nous vivons, à tout ce que nous voyons vivre. «La Pâque du Christ, comme un paysage maritime, crée de grands espaces de liberté.» Le Christ qu'il présente est solidaire de toutes les détresses humaines: «Prêcher, c'est aussi annoncer le pauvre, le laissé-pour-compte, le marginal, l'un de ces plus petits qui sont mes frères.»

Denis voit la célébration des sacrements comme une proposition de rencontre faite à Dieu et aux humains. Il souligne l'importance de l'écoute dans la célébration des sacrements: «Toute célébration des sacrements devrait conduire au silence. Nous célébrons dans la discrétion de Dieu des vies fécondées par sa Parole libératrice, son Verbe, le Christ ressuscité d'entre les morts.»

Au risque de mettre l'accent ailleurs que tant d'autres, Denis dit sa détermination d'insister en liturgie pour «dire l'indicible», pour favoriser la rencontre personnelle avec Dieu, pour apprivoiser à la gratuité des rites. Il veut que sa vie dise l'importance de la dimension liturgique et il se dit prêt à rentrer au port à l'appel de Dieu, que ce soit «à marée basse ou à marée haute».

Deux prêtres plus jeunes ont livré quelque chose de leur itinéraire, l'un sous la forme d'un journal, l'autre en explicitant les défis auxquels il était confronté.

Alain Roy nous invite à le suivre au long d'une semaine de ministère paroissial en commençant non pas le lundi, comme on le fait en général, mais bien le vendredi, alors qu'il s'engage dans la préparation de son ministère dominical. Ce qui frappe, c'est le temps et le soin donnés à la préparation des deux homélies: celle qu'il donne dans le cadre des célébrations dominicales et celle qu'il prononce à l'occasion du mariage le samedi après-midi. Non moins impressionnante est l'attention accordée à la préparation du cahier de présidence des célébrations. Au fil des réflexions, on apprend qu'Alain a opté pour un style de vie simple, qu'il ménage du temps pour la prière personnelle, la lecture de la Bible et la liturgie des Heures.

Alain aime les jeunes et le leur signifie par sa présence dans les groupes où ils se retrouvent, par «les heures passées avec l'un ou l'autre qui vit une peine d'amour ou qui s'interroge sur son avenir». Conscient que rassembler des jeunes n'est pas «une mince affaire», il aime les convoquer «autour d'un projet d'engagement» qu'il leur propose et «qu'ils sont libres de transformer à leur guise». L'attention aux jeunes est pour Alain une priorité. Il a soin de faire retour avec eux sur les activités «pour intégrer les apprentissages».

Tout en avouant avoir éprouvé de la difficulté à préparer et à présider des mariages à cause de l'«embarrassant folklore» qui entoure ces célébrations, il dit soigner de façon toute spéciale ses dialogues préalables avec le couple et la préparation de l'homélie.

Alain manifeste un goût pour une liturgie faisant place à une certaine créativité: «À l'ère de la communication, je ne peux concevoir que l'on continue de célébrer dans des églises dont la disposition du mobilier éloigne les gens les uns des autres et du président.» De toute évidence, le sommet de sa semaine, c'est cette rencontre avec l'assemblée dominicale. Non pas qu'il manque de réalisme, reconnaissant bien qu'il y a loin d'une assemblée à un regroupement fraternel, à une communauté véritable. Mais, ajoute-t-il, «quand je me retrouve face à elles (des centaines de personnes que j'aime), que je leur signifie le Christ qui est leur vis-à-vis, toute ma vie prend son sens».

Alain, comme Denis, place le ministère de la Parole «au cœur de sa vie». «Après plus de vingt ans de prédication, j'éprouve encore une joie indicible quand je sens que j'ai contribué à faire comprendre la Parole de Dieu et ses conséquences dans le quotidien.»

Pour Alain, le ministère paroissial est question d'amour: «Le dimanche matin, j'ai l'impression plus que jamais que je vis en amour... La relation pastorale est vécue en condensé», mais se poursuit à un autre rythme dans les visites, les rencontres de tous les jours.

Intéressantes, les remarques d'Alain sur les célébrations du baptême, le dimanche après-midi: «Je veux simplement que cette liturgie fasse sentir que ces enfants sont aimés de Dieu et de l'Église.» Non moins intéressantes, les astuces de ce pasteur auprès des fiancés à qui il doit présenter les sacrements, même s'ils ne les pratiquent pas habituellement. Pourtant, ajoute-t-il, «j'adore m'attaquer à cette tâche».

Alain se perçoit comme un homme de grande sensibilité et de grande disponibilité; ce qui explique, selon lui, combien on fait appel à lui. Il dit privilégier le ministère d'accompagnement spirituel «qui favorise une vraie croissance spirituelle». Il met un gros bémol sur l'accumulation des réunions à tous les niveaux.

Alain partage même avec nous quelque chose des activités de son septième jour, le jeudi, et de sa quête pour trouver «le juste dosage de service de la communauté, de présence à la famille et aux amis, et de solitude».

Il est réjouissant d'entendre Alain synthétiser vingt ans de ministère presbytéral en avouant: «J'aime mieux ma vie de prêtre aujourd'hui qu'à mes premières années d'ordination.» L'Église d'aujourd'hui lui paraît plus pauvre, à maints égards, mais, avoue-t-il, «j'apprivoise cet appauvrissement comme une voie vers une rencontre inédite du Seigneur».

André Tiphane, le benjamin des témoins qui s'expriment dans ce volume, compte douze ans d'ordination en 2000. Son itinéraire, il nous le présente sous la forme des défis auxquels il a été confronté: défi du mouvement, de la transparence, du courage, de la vérité, de la cohérence. André se perçoit comme un joueur de hockey qui joue avec un entraîneur imparfait, sur une glace imparfaite. Il n'a pas l'intention de passer sa vie à changer d'équipe, à changer d'entraîneur, à rouspéter contre la glace, à décider de ne pas jouer. Il compte continuer à faire partie de l'équipe, tolérer beaucoup de défauts de l'entraîneur; mais, qu'on se le tienne pour dit, il n'étouffera pas les problèmes.

Un des premiers problèmes qui l'a éprouvé, c'est la force d'inertie qui, à son avis, affaiblit tant d'organisations. Il apprend la patience, le fait que s'il demande un changement de vitesse des autres, il doit lui aussi accepter de «changer de vitesse».

Une seconde faiblesse qui l'a fait souffrir, c'est le manque de transparence. Tout en comprenant que le manque de transparence expérimenté «ne provient ni d'une mauvaise volonté individuelle ni d'un complot habilement réalisé», mais bien «d'un mélange de phénomènes plus ou moins conscients d'insécurité personnelle ou collective, de peurs et de jeux de pouvoir», André Tiphane énonce une deuxième clé de bonheur: «Rester dans la lumière. Refuser l'opacité. Concrètement, cela signifie pour moi éviter les cercles de commérages inutiles tout autant que les réseaux où on ne finit plus de se perdre dans les secrets.»

D'abord porté à accuser certaines personnes en autorité de manquer de courage face à la situation éprouvante qu'il vivait, André avoue être passé lui-même de la rage au courage. Il s'est mis à apercevoir des expressions de courage auxquelles il avait été insensible. Sa troisième clé de bonheur: une «alternance entre le courage de prendre le taureau par les cornes et celui de laisser fuir le taureau pour le laisser vivre à sa façon».

André Tiphane parle ensuite de sa déception face au manque de vérité dans ses pourparlers avec certaines autorités. Il souffre du maquillage infligé à une proposition qu'il a faite. La quatrième clé de bonheur qu'il identifie: «La vérité, encore une fois. À tout prix. Rester soi-même sans jouer le jeu des grands de ce monde.»

André Tiphane avoue sa déception vis-à-vis tout ce qu'il perçoit comme manque de cohérence. Il dit: «Je pousse les hauts cris à chaque fois que je constate un manque de vision ou d'unité dans les différents secteurs de la vie de l'Église», mais il sent bien qu'il doit conjuguer en lui haut idéal et acceptation de la réalité. La cinquième clé qu'il propose: «La décision de "vivre avec" les choses qui ne lui conviennent pas tout à fait. Subir, c'est se condamner à la frustration perpétuelle. Choisir de mettre la main à la pâte, malgré ce qui ne va pas, procure un équilibre sain.»

Le témoignage d'André, c'est en quelque sorte une porte ouverte sur son débat avec l'institution Église. Il parle du lourd travail qu'il a dû faire afin de définir pour lui-même ce qu'il était, pour l'Église et dans l'Église. Il confie, au terme de son message: «Un jour, j'ai opté: ce que je veux, c'est que certaines choses changent... Mon choix inclut donc une clause "patience": même si cela doit se faire à pas de tortue, même si je n'en vois pas l'effet de mon vivant, je continue.» Deux certitudes le guident: «Je décide de ce que je fais de ma vie» et «l'Esprit Saint m'accompagne».

Sept récits de vie, si différents, si riches, si manifestement engagés. À vous lire, André B., Jules, Jean-Marie, Benoît, Denis, Alain, André T., on se prend à louer le Créateur pour l'éclat de ses dons et pour la profondeur avec laquelle votre appel comme prêtre vous aura permis de vivre votre vie d'homme. Chez chacun de vous, j'ai senti un grand sens de responsabilité pastorale, une conscience très vive des limites humaines, des limites institutionnelles, une grande communion avec tout ce qui se vit en ce début de 21e siècle. Chacun est porteur d'une grande espérance, mais c'est une espérance purifiée au creuset de la croix. Vous avez tous dit votre source et vous l'avez communiquée comme une réalité de l'ordre de l'amour. Même André T. qui adopte une attitude plus combative — cela dépendrait-il du moment de sa vie où il se dit? — parvient à la toute fin à s'apaiser devant la pauvreté de l'Église en portant son regard sur le Christ pauvre parmi les pauvres, venu pour nous. Et lorsqu'il se resitue devant Jésus Christ, tout à coup, le côté lumineux de la vie, toutes les belles expériences, les bonnes rencontres surgissent dans sa mémoire.

Recevez l'offrande du peuple saint
pour la présenter à Dieu.
Ayez conscience de ce que vous ferez,
imitez dans votre vie
ce que vous accomplirez par ces rites
et conformez-vous au mystère
de la croix du Seigneur.

Remise du pain et du vin

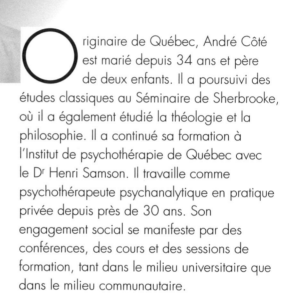

Originaire de Québec, André Côté est marié depuis 34 ans et père de deux enfants. Il a poursuivi des études classiques au Séminaire de Sherbrooke, où il a également étudié la théologie et la philosophie. Il a continué sa formation à l'Institut de psychothérapie de Québec avec le Dr Henri Samson. Il travaille comme psychothérapeute psychanalytique en pratique privée depuis près de 30 ans. Son engagement social se manifeste par des conférences, des cours et des sessions de formation, tant dans le milieu universitaire que dans le milieu communautaire.

Des prêtres d'aujourd'hui

André Côté

Sept hommes ont été invités à raconter comment ils sont devenus prêtres et quel rôle ils jouent présentement à l'intérieur de la société. Après avoir lu et relu leurs textes, j'ai réalisé que ces hommes étaient réellement engagés dans une mission d'évangélisation et qu'ils vivaient au jour le jour, comme tout le monde. Des humains bien en chair, quoi! Tiraillés par des règles, des normes institutionnelles, ecclésiales et sociales. Leur cheminement pulsionnel (agressivité et surtout sexualité) n'était pas au rendez-vous; ce sera pour plus tard sans doute.

Ce que j'ai compris de leur témoignages, Jean-Paul Mensior, dans son essai d'anthropologie chrétienne, le résume bien: «Pour que la foi de toujours puisse être proposée aux générations nouvelles, une parole sur Dieu peut et doit être dite.» Ce qui semble faire problème pour que cette parole soit diffusée aujourd'hui, c'est la connotation morale dont elle a hérité. Au début, cette parole transformait les cœurs de la haine à l'amour, de la détresse à l'espérance, etc. Comme l'ont dit les auteurs, il faut se dépêcher pour retrouver ces paroles d'amour qui transforment les cœurs.

J'ai compris également qu'on peut être prêtre et développer une carrière professionnelle dite profane, être poète, musicien, médecin, etc. Ces prêtres ont eu l'audace de partager avec nous leurs hésitations, leur vécu de tous les jours, leurs ambitions et leurs difficultés. On peut donc être prêtre, exercer une profession et être un réel témoin du Christ en diffusant sa Parole pour permettre aux humains d'assumer leur détresse et leur goût d'infini toujours insatisfait. Quand on se heurte à un cadre de référence parfois rigide, mal adapté, voire même archaïque, il faut, comme je l'ai constaté en lisant certains textes, prendre ses distances. Car le cadre en arrive souvent à cacher le vrai visage du Christ.

Dans ma pratique de psychothérapeute psychanalytique, j'ai rencontré beaucoup de religieux déçus de ne pas avoir réalisé leurs idéaux de jeunes adultes. Parfois même, ils sont choqués de constater que ces idéaux familiaux, sociaux ou ecclésiaux les ont complètement écrasés. On avait tout simplement oublié de leur parler de foi. Par ailleurs, le témoignage de ces prêtres en quête de vérité et d'authenticité me réjouit. Aucun discours moralisateur, aucun discours angélique, mais plutôt une parole qui commande des transformations. À partir de Jésus Christ, on chemine avec des hommes qui se laissent transformer par la Parole du Christ et, du même coup, cherchent à rejoindre d'autres humains.

Alors qu'on voit apparaître de l'angoisse, du doute, de la déception face aux valeurs sociales actuelles, d'un même souffle, ces prêtres nous parlent d'espérance dans la foi. Comme on le constate, les valeurs actuelles sont malheureusement centrées sur l'avoir, le savoir, le devoir et le pouvoir. On remplace une détresse par un gain matériel ou intellectuel, au lieu de la transformer en proposant des paroles qui ont été dites il y a de ça deux mille ans. Ces prêtres proposent ces paroles de transformation pour permettre à l'âme de respirer davantage.

Le message est simple, direct et sans détour. Des textes qui nous atteignent au plus profond de notre être et nous invitent du même coup à nous associer à ces prêtres proposeurs d'un bonheur en Jésus Christ. Je pense que les règles et les lois imposées par l'Église et ses représentants ne devraient pas poser un problème majeur, car notre propre cheminement dans la vie inventera la forme à donner à notre action. Nous pourrons plus facilement rejoindre les humains sans nous perdre dans les dédales des organisations qui encadrent l'action du prêtre.

C'est lui, le Christ, qui donne à ton peuple racheté
la dignité du sacerdoce royal;
c'est lui qui, dans son amour fraternel,
choisit ceux qui auront part à son ministère
en recevant l'imposition des mains.

Ils offrent en son nom l'unique sacrifice de la croix
à la table du banquet pascal;
ils ont à se dévouer au service de ton peuple
pour le nourrir de ta Parole
et le faire vivre de tes sacrements;
ils seront de vrais témoins de la foi et de la charité,
prêts à donner leur vie
pour ta gloire et le salut du monde,
en se conformant au Christ.

Préface
le sacerdoce du Christ
et l'ordination des prêtres

Originaire de Rouyn-Noranda, Monique Pépin a fait des études de baccalauréat en pédagogie (catéchèse-français) à l'Université Laval. Elle a d'abord enseigné au pays, puis en Côte d'Ivoire. Par la suite, elle a principalement enseigné le français, langue seconde, aux adultes et a complété une maîtrise en éducation à l'Univesité d'Ottawa.

Après son expérience en Côte d'Ivoire, elle a traversé une période de remise en question. Après plus de dix ans en marge de l'Église institution, période pendant laquelle elle a continué à lire pour nourrir sa foi chrétienne et s'est aussi intéressée à d'autres philosophies, elle est revenue à la liturgie dominicale. Mariée et mère de famille, elle est habitée par le souci de l'éducation de la foi de ses deux enfants. Elle s'est engagée pour la préparation à l'eucharistie, l'animation de célébrations de la Parole adaptées aux enfants et de messes familiales, ce qui l'a amenée à collaborer avec la revue *Vie liturgique*. L'important, pour elle, est que la Parole et le Pain goûtent bon pour les jeunes d'aujourd'hui et pour leur famille.

«Parle, Yahvé, car ton serviteur écoute»

1 Samuel 3, 9

Monique Pépin

En lisant ces témoignages, je me suis rappelée Ézékiel et sa vision du char de Yahvé quittant le Temple de Jérusalem pour se rendre en terre païenne, vers les exilés à Babylone. Cela fut suivi de la destruction de Jérusalem et de son Temple ainsi que de l'exil de tous les enfants d'Israël: 70 ans sans terre, sans temples, sans culte, sans prêtres. Malgré tout, le peuple à l'époque de l'Exil ne fut pas privé de la Parole de Dieu. Le Seigneur se choisit deux prêtres en effet, Jérémie et Ézékiel, leur confiant un nouveau rôle, à savoir celui de prophètes. Le message qu'ils devaient transmettre était clair: la pureté qui plaît à Dieu est avant tout une question de vie quotidienne, de pratique du droit et de la justice, et non pas surtout affaire de culte dans des temples de pierres construits de mains humaines.

Certes la situation chez nous n'est pas aussi catastrophique de nos jours qu'en ces temps-là, mais les églises ne sont pas très pleines, les temples de pierres ne peuvent être tous conservés, les prêtres sont de moins en moins nombreux et de plus en plus âgés. Pourtant, après avoir lu ces sept témoignages, je ne m'inquiète pas trop. Dieu nous donne moins de prêtres et moins de temples qu'avant? Je crois qu'encore maintenant, il nous donne ce dont nous avons besoin comme Église du Christ et qu'il transforme des prêtres en prophètes pour nous redire qu'il est en train de changer nos cœurs de pierre en cœurs de chair, et de nous envoyer l'Esprit qui ouvre les tombeaux et redonne vie aux ossements desséchés!

La Parole de Dieu occupe en effet une place centrale dans la vie de ces prêtres prophètes. Elle les accompagne chaque jour et les nourrit, elle les inspire puis coule généreuse comme une source jusqu'au soir de la vie, quand la personne qu'elle habite ne sait plus se dire que par elle. Elle est toujours là au cœur de leur vie de prêtre, lue, écoutée, méditée, approfondie, étudiée, priée pour ensuite être enseignée, proclamée, expliquée, avec les mots mêmes de la Bible, avec d'autres mots qui touchent, qui font rire ou pleurer, qui interpellent, qui nuancent, qui révèlent, qui réveillent, qui vont chercher la brebis égarée où qu'elle soit. Des mots qui veulent dire quelque chose ici, maintenant, aux gens de ce temps et de ce pays, des mots qui tiennent compte de tous les aspects de notre société. Car cette Parole, on le sent, est aussi faite de l'écoute et de l'accueil de tous les mots entendus au quotidien, au cours des nombreux contacts avec les gens qui expriment leurs joies et leurs peines, leurs révoltes, leurs préoccupations, leurs attentes et leurs rêves.

«Simon, fils de Jean, m'aimes-tu? [...] Pais mes brebis.»

Jean 21, 17

Si la Parole est reçue et donnée, elle est également incarnée. Je dois avouer que c'est là ce qui m'a à la fois le plus bousculée et le plus nourrie en lisant les confidences de ces prêtres. Tous ont choisi de se présenter comme personne humaine à 100 %: cela révèle un énorme changement par rapport aux images anciennes de prêtres modèles qu'on plaçait sur un piédestal, loin devant le commun des mortels, et ce, il n'y a pas si longtemps. Un changement positif! Pourtant, d'accepter un prêtre comme une personne ordinaire me semblait de prime abord en contradiction avec un besoin en moi qu'un prêtre soit un vrai pasteur, capable de me guider sur les routes de ma vie de chrétienne et de mère de famille. Puis la Parole a fait son chemin et, petit à petit, j'ai pris conscience que la première dimension était la condition de la seconde et non un empêchement à celle-ci.

J'entends maintenant avec une autre oreille les paroles qu'Élihu a adressées au pauvre Job dont la vie, soudainement, n'était plus que ruine totale et tout à fait incompréhensible: après tout, Job se considérait comme un juste, selon sa conscience. Élihu, contrairement aux accusateurs bien-pensants et scandalisés qui ne s'étaient pas privés de lui inventer mille torts que Job, d'ailleurs, pouvait aisément réfuter, se révèle en dépit de sa jeunesse un sage qui, au lieu de se livrer à des fausses accusations ou de faire des leçons de morale inutiles, est assez lucide pour dire avec autorité que Dieu est miséricorde, et toute rébellion contre lui, insensée: «C'est le souffle de Dieu qui m'a fait, l'inspiration du Puissant qui me fait vivre... Vois devant Dieu je suis ton égal, j'ai été pétri d'argile, moi aussi! Voyons, la terreur de moi n'a pas à t'épouvanter, et mon autorité n'a pas à t'accabler» (*Job* 33, 4. 6-7).

En lisant les chemins par lesquels sont passés ces sept prêtres, il me semble que chacun d'eux pourrait reprendre pour lui-même ces paroles d'Élihu. Ce sont des hommes avec leurs forces et leurs limites, leurs goûts et leurs préférences; des personnes qui, tout comme nous, doivent franchir les diverses étapes de la vie avec les crises, les conflits, les renoncements, les fatigues, les souffrances que cela implique. Nos égaux, pétris d'argile, plongés dans les vagues de la vie dont ils ressortent, non pas écroulés ni amers, mais avec une plus grande connaissance d'eux-mêmes, une humilité accrue, une confiance plus forte en l'Esprit toujours à l'œuvre, plus de tolérance envers les différences et un accueil inconditionnel des personnes. Et c'est de ce baptême dans les eaux tumultueuses de la vie en société qu'ils reçoivent leur autorité. Ils restent ainsi branchés sur la Source, ils reviennent toujours puiser à l'inspiration du Puissant qui, nous le savons depuis Jésus de Nazareth, est aussi humain, le Fils de l'homme, comme il aimait si souvent se nommer lui-même.

C'est en cela, à mon sens, qu'ils sont des pasteurs capables d'aimer et de guider leurs brebis «aux sentiers de justice». Leur autorité a des racines dans un regard lucide sur eux-mêmes en même temps que dans une foi inébranlable en la miséricorde divine: elle n'est pas accablante. Bien au contraire, elle est source de libération. Elle ramène à l'incarnation, à l'Alliance éternelle entre toute la création et son Créateur, tous ceux et celles qui, comme moi, ont souvent tendance à fuir leur humanité plutôt qu'à y découvrir le Royaume qui y est caché. Elle est capable d'appeler les brebis égarées, de rassembler celles qui sont dispersées. C'est un beau cadeau que ces voix d'hommes, de prêtres qui nous montrent que c'est au moment où nous nous acceptons comme des personnes humaines que Dieu agit à travers nous et révèle au monde un de ses visages.

Cette autorité qui est tout le contraire de l'autoritarisme va de pair avec une grande ouverture d'esprit chez ces sept prêtres dont toute la vie est entièrement donnée au service des autres et du Royaume de Dieu, par le biais d'activités très diversifiées. Ce don de soi total, jailli de la foi et entièrement consacré à l'annonce de la Bonne Nouvelle de toutes les manières possibles, il est merveilleux que des hommes puissent le faire. Ainsi que des femmes! D'un autre côté, dans l'Église maintenant, les chrétiens et chrétiennes sont de plus en plus nombreux à pouvoir assumer leur vocation sacerdotale, qu'ils tiennent de leur baptême et qu'ils nourrissent de diverses manières: études, petits groupes de ressourcement et de prière, engagements communautaires et sociaux, à temps plein ou tout simplement en tant que bénévoles. C'est certainement là un bienfait inattendu de cette période de pauvreté en vocations religieuses et sacerdotales que de faire surgir du côté des laïques une prise en charge de nombreuses tâches qui peuvent être accomplies par des chrétiens à des degrés divers selon les dons reçus. Je crois que c'est de ce feu de l'Esprit qui se partage et embrase le cœur de nombreux laïques d'aujourd'hui et d'ici que jailliront à nouveau des prêtres qui connaissent leurs brebis, et que leurs brebis connaissent et suivent.

Que le message de l'Évangile,
par leur prédication
et avec la grâce
de l'Esprit Saint,
porte du fruit dans les cœurs
et parvienne
jusqu'aux extrémités
de la terre.

Prière d'ordination

Table des matières